高维面板数据因子模型

理论、方法与应用

方国斌　马慧敏◎著

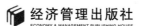

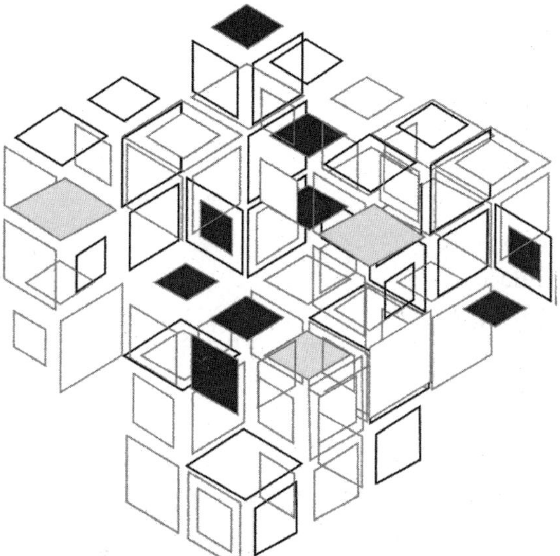

GAOWEI MIANBAN SHUJU YINZI MOXING
LILUN FANGFA YU YINGYONG

经济管理出版社
ECONOMY & MANAGEMENT PUBLISHING HOUSE

图书在版编目（CIP）数据

高维面板数据因子模型：理论、方法与应用/方国斌，马慧敏著 .—北京：经济管理出版社，2022.7

ISBN 978-7-5096-8434-4

Ⅰ.①高… Ⅱ.①方… ②马… Ⅲ.①经济统计学 Ⅳ.①F222

中国版本图书馆 CIP 数据核字(2022)第 090769 号

组稿编辑：任爱清
责任编辑：任爱清
责任印制：张莉琼
责任校对：张晓燕

出版发行：经济管理出版社
（北京市海淀区北蜂窝 8 号中雅大厦 A 座 11 层 100038）
网 址：www. E-mp. com. cn
电 话：（010） 51915602
印 刷：唐山玺诚印务有限公司
经 销：新华书店
开 本：720mm×1000mm/16
印 张：10. 5
字 数：164 千字
版 次：2022 年 7 月第 1 版 2022 年 7 月第 1 次印刷
书 号：ISBN 978-7-5096-8434-4
定 价：78. 00 元

联系地址：北京市海淀区北蜂窝 8 号中雅大厦 11 层
电话：（010） 68022974 邮编：100038

前　言

本书主要研究利用因子模型处理面板数据建模中高维问题的若干方法与应用。面板数据分析中的高维问题主要包括两种情形：一种是指个体数（N）或时期数（T）较大，导致所研究的协变量（解释变量）个数较多，这类高维问题被认为是外生的；另一种是指模型误差项的方差-协方差矩阵维数较高，从而增加了模型估计上的难度，这类高维问题被认为是内生的。

在高维面板数据建模研究中，不仅需要考虑怎样降低待估参数的个数，还要能够正确反映外部共同冲击以及个体特质性。相关研究结果表明，因子模型能较好地解决这些问题。本书着重讨论其中的两大类技术手段：一类是采用因子分析对高维面板数据进行降维；另一类是几种新的面板数据因子模型的设定与估计。

全书一共包括七章内容。

第一章是绪论，概括性地介绍全文的研究范畴，包括研究目的、研究内容和结构安排以及创新点。

第二章是因子模型形式拓展。

第三章是高维面板数据降维与因子模型估计，包括与本书相关内容的研究现状与所用到的主要方法的介绍。

第四章是高维面板数据动态混合双因子模型。在考虑面板数据分析中指标和个体维数较大的情况下对大量指标进行降维处理的方法。通过引入因子模型，运用主成分分析方法，将大量指标用较少数的公因子表示，建立面板数据的动态混合双因子模型。考虑在模型中引入反映交互效应的因子结构，体现时间序列和横截面的相关性。研究结果表明，混合因子模型既降低了指标的维数，又考虑了时间和截面的混合效应。与其他因子模型不同的是，混合因子模型引入了两类公因子：第一类公因子解决变量降维问题，体现同一时期不同个体共同发展趋势；第二类公因子解决弱相关性问题，体现同一个体在不同时期的变动差异。Monte Carlo 模拟结果表明，采用广义矩方法（GMM）对混合因子模型进行估计效果较好，其结果具有无偏性和一致性，能够有效提高模型的预报能力。

第五章是高维离散面板数据动态因子模型。模型中的因变量取值为离散值或受限值。其中的高维问题源自长期对大量个体进行重复观测，导致所建立的面板数据随机效应模型有大量与个体相关的参数需要估计。因子分解方法主要用于降低参数维度。由于不同个体在同一时期具有相同的几个公因子，这样面板数据存在组内相关性和组间独立性，因此对离散面板数据模型采用广义估计方程（GEE）进行估计。通过研究离散面板数据动态因子模型的建模策略，对因变量为二元离散值的情形研究了因子分解方法，估计结果的一致性和渐近正态性等大样本性质。运用中国股票市场的实际数据，研究了非交易日对股票涨跌情况的影响。

第六章是高维面板数据因子随机波动模型。由于金融资产收益率同时受可观测的市场因素和不可观测的潜在因素的影响，不可观测因素受某些随机因素的驱动，因此，可以在多元随机波动模型的基础上，考虑可观测因素和潜在因子对收益率波动特征的刻画。高维面板数据随机波动模型包括大量参数和潜在因子需要估计。引入了基于 FFBS 的联合估计方法对模型进行估计，潜在波动性的设定在给出某些提议的先验信息基础上通过研究其平稳后验分布实行。模拟研究结果表明，该方法能够有效解决高维因子模型的估计问题。应用例子进一步证实面板数据因子随机波动模型较好地拟合了股票市场金融资产收益率的时变波动性和异方差特征。在实际应用中可以被用于投资组合构建和风险管理。

第七章是结论与展望。

本书主要采用因子模型进行降维，这样能减少模型的待估参数个数以及简化模型结构，针对不同的模型采用特定的估计方法进行估计。与其他研究成果不同，本书将因子模型分别运用于包括大量个体、解释变量以及复杂误差成分等产生的高维参数情形，拓宽了解决高维面板数据问题的思路。主体部分针对不同的面板数据类型构建对应的动态因子模型，提供了几种不同的模型估计方法，并对这些估计方法进行了论证，从理论上证明了模型估计结果的统计性质，进一步结合不同的应用领域开展了实证研究。

本书的大多数成果均经过同行审阅，在写作过程中得到了很多老师和同仁的帮助，在此一并表示感谢。由于笔者水平有限，书中不免会有一些不妥之处，尤其是应用部分还比较肤浅，敬请大家批评指正。

方国斌

2022 年 1 月 20 日

目　录

第一章　绪论

随着数据搜集手段提高和持续观测时期延长，面板数据的构成越来越复杂。这不仅进一步提高了面板数据研究的重要性，也产生了大量新的研究问题。面板数据（Panel Data）与纵向数据（Longitudinal Data）都是对多个体长时间重复观测所得到的结果。从某种意义上来讲，面板数据代表同一分类方式下不同个体的一种集体观测，而纵向数据则是同一个体不同时期的测度。严格区分两者是一件比较困难的事情，如美国劳工部的劳动力市场全国面板调查就被称为 National Longitudinal Surveys，但由于应用场合不同，经济学家更倾向于采用“面板数据”这个名词，因为从经济学角度对某一个体进行长时间重复观测不仅非常困难，而且面临着样本老化等诸多问题。中国经济分析中所研究的省际面板数据，或者微观面板数据，都是由许多个体单元综合而成，而不是像生物试验中对不可分单元（如某个人）进行重复观测。正是因为这个原因，在面板数据分析中，更加强调对个体相关性和时间序列相关性的刻画。本书在未加特别说明的情况下，对面板数据和纵向数据这两个名词不加区分。

由于面板数据搜集过程中所获得的数据量扩大，传统的面板数据分析方法面临一系列新的挑战。其中，最值得关注的就是高维（High Dimensional；或者称为大维，Large Dimensional）面板数据处理问题。面板数据分别从个体、时期和变量三个方面对个体或者组（Clustered）数据进行观测。面板数据的高维问题可以来源于这三个方面中的任意一个，这也是面板数据高维问题较多元分析和时序分析更为复杂的原因之一，因为统计学研究中的高维问题主要是指变量个数大于个体数的情形。假设个体数为 N，观测期长度为 T，观测变量的个数为 p。当 p 较大或者趋近于无穷时，由于个体相关性的存在，面板数据模型估计中待估参数个数很多，同时方差、协方差矩阵结构复杂，这很容易导致有偏估计。随着观测期 T 的延长，时间序列相关性不可避免，而且可能存在结构转变和序列非平稳等。当解释变量个数 p 较多时，每个变量产生多个待估系数，变量类型比较复杂且变量之间存在某种共同变动趋势。所有这些表明，当面板数据分析中个体、时期和变量中任何一个维数较大时，都会在建模和估计中产生新的问题。

处理高维面板数据有两个重要途径：一是遵循一般的降维思路，将高维问题降为低维问题，此过程中不可避免会造成信息损失；二是可以设计高维问题的相关算法，但存在计算量过大的问题。由于因子模型能够用少数公因子表示个体或变量之间的共同运动冲击，所以因子模型不仅可以降低待估参数的维度，还可以体现个体之间的相关性，因此本书引入公共因子来构建高维面板数据模型。为了进一步刻画可能存在的序列相关性，将主要采用动态因子模型，也就是在所构建模型中引入因子或变量的滞后项以体现序列相依特征。为了与 Forni 等（2000）所称的广义动态因子模型（Generalized Dynamic Factor Model）相区别，本书称这种同时考虑滞后效应和相关特质性成分的动态因子模型为面板数据动态因子模型。对于采用因子模型降维情况下仍然存在大量待估参数的面板数据模型，例如，因子面板数据随机波动模型，本书将设计相关算法克服其中计算量过大的问题，并试图同时解决相应动态因子模型的估计。

本书重点研究两类面板数据高维情形：一类是由较大的个体数或者解释变量数所导致的待估参数过多，需要对解释变量或者个体进行降维；另一类是指模型误差项的方差、协方差矩阵维数较高，增加了模型估计上的难度。对于第一类情形，采用解释变量因子或者个体因子能够有效降低待估参数的维度；对于第二类情形，需要采用面板数据误差项的因子分解方法，也就是构造误差项因子模型。针对高维面板数据的这两种情形，本书将着重讨论三种代表性模型：第一种是高维面板数据动态混合双因子模型，这种模型主要处理解释变量个数较多以及随机误差项存在截面相关的大规模宏观经济体的影响因素分析和变动趋势预测；第二种是高维离散面板数据动态因子模型，这种模型主要考虑因变量为离散变量以及其他受限因变量模型中个体数较大时的估计及动态预报问题；第三种是面板数据因子随机波动模型，这种模型中存在大量隐含变量和待估参数，主要用于对多元金融资产收益率序列的波动特征予以刻画，以便优化金融资产配置，构建合适的投资组合以及进行金融风险管理。

第一节 本书研究内容

本书一共包括七章内容：第一章是绪论，概括性地介绍本书的研究范畴，包括研究目的、研究内容和结构安排以及创新点；第二章是因子模型形式拓展；第三章是高维面板数据降维与因子模型估计，着重讨论因子模型的构建与估计的基本思路；第四章是高维面板数据动态混合双因子模型，在面板数据模型中引入两种因子成分，即解释变量因子和误差成分因子，用以刻画面板数据的高维特征和弱相关性特征；第五章是高维离散面板数据动态因子模型，将面板数据模型中因变量的类型扩展到离散数据，讨论在个体数较大时离散因变量因子模型的估计；第六章是高维面板数据因子随机波动模型，面板数据因子随机波动模型考虑可观测的市场内外因素，进一步提出了基于 FFBS 的联合估计方法；第七章是结论与展望。其中第四章到第六章是本书的核心内容，分别讨论了三类重要动态因子模型的构建策略以及每类模型的估计方法。通过数值模拟和应用例子研究了模型估计结果的有效性以及模型的适用性。

一、动态混合双因子模型（DMDFM）

在高维面板数据分析中，一方面，需要解决个体或变量数较多引起的参数估计问题，尤其是面板数据变系数模型；另一方面，还需要考虑个体之间可能存在的（弱）相关性。为了处理第一个问题，采用因子模型对大量个体或者变量进行降维，得到解释变量因子。同时，为了处理误差项的截面特质性误差，需要对误差项进行因子分解，得到误差因子，构成了所谓的混合双因子模型。其中的混合是指构成模型的两类不同因子成分。与通常的动态因子模型不同，动态混合双因子模型将因变量的滞后项作为外生变量，因此其动态性是指模型中包括因变量的滞后效应，也就是模型右端项的解释变量包括因变量的滞后项。

动态混合双因子模型主要考虑指标和个体维数较大情况下的模型构建方法。混合双因子模型对指标和误差成分进行降维处理，将大量变量和误差成分用少数几个公因子表示。其中因子分解采用主成分方法，通过引入因子模型，构建出存在两类公共因子的面板数据混合因子模型，考虑在模型中引入反映交互效应的因子结构，体现时间序列和横截面的相关性。运用混合因子模型既降低了指标的维数，又考虑了时间和截面的混合效应。混合因子模型中引入两类公因子的目的不同：一类解决了高维参数估计中的降维问题，体现同一时间下各个变量的共同发展趋势；另一类解决了弱相关性问题，体现空间或个体之间的关联性。

面板数据模型估计方法需要根据模型类型来选择。经典面板数据模型中最简单的模型即混合（Pooled）回归模型，此类模型按照时间或者个体将面板数据转换成依个体排列的时序数据或者依时间排列的多元数据，可以采用普通最小二乘（OLS）或者极大似然（ML）方法对混合回归模型进行估计。大多数面板数据模型采用 OLS 无法得到无偏估计量，因为面板数据模型的随机误差项很难满足最优线性无偏估计量（BLUE）的 Gaussian 假设。固定系数模型可以考虑采用最小二乘虚拟变量（LSDV）回归估计，变系数模型一般采用广义最小二乘（GLS）或者可行的广义最小二乘（FGLS）。而动态面板数据模型的估计较为有效的是广义矩方法（GMM）。当然，针对不同的情形可以考虑其他备择方法，例如，可以采用非参数估计或者贝叶斯估计。

因子面板数据模型部分解释变量由公因子组成，由于因子分解过程中一般假设各个公共因子之间相互独立，因此因子面板数据模型的估计方法与经典面板数据模型大致相同。然而，由于公因子是原始变量的线性组合，且公因子为潜在变量，所以动态混合双因子模型的估计与一般动态面板数据模型的估计有两点明显区别：一是混合双因子模型有两类公共因子，解释变量因子可以采用主成分方法或者极大似然法获得，误差因子需要对误差项进行因子分解，所以动态混合双因子模型需要采用两步估计；二是如果采用 GMM 对混合双因子模型进行估计，需要设定矩条件和工具变量，怎样选取合适的矩条件也是能否实现正确估计的关键。运用 GMM 对动态混合双因子模型进行估计，其结果具有较好的无偏性和一致性，并且能够有效提高模型的预测能力。

动态混合双因子模型主要用于大规模经济体的经济变动趋势分析，也可以用于包含大量金融资产的金融市场资产配置。尤其适用于个体之间具有关联性的面板数据分析。由于经济体中很多经济变量具有个体弱相关性，采用动态混合双因子模型，利用误差因子成分，能较好地体现这种弱相关性。由于动态因子模型包含因变量的滞后效应，也可以用于对因变量的变动进行预测。

二、离散面板数据动态因子模型（DPDFM）

在面板数据分析中，无论是因变量还是自变量，都可能存在离散数据。解释变量为离散数据的情形比较常见，其估计方法与连续数据没多大区别，因为解释变量取值一般认为是给定的。离散因变量取离散值将直接影响随机误差项的分布，所以处理离散因变量的基本思路是采用链接函数将离散数据连续化。离散因变量模型还可以拓展到受限因变量模型，此时因变量可能是截断（Truncated）数据或删失（Censored）数据或者其他异常数据类型，这类模型也可以转换成离散因变量模型。在离散因变量面板数据模型中，如果个体维数较大，同样需要对大量个体通过提取公因子的方法进行降维，从而将离散因变量面板数据模型转换成离散因变量面板数据因子模型。由于离散面板数据动态因子模型中的高维问题源自长时期对大量个体进行重复观测，导致所建立的面板数据随机效应模型有大量与个体相关的参数需要估计。因此，采用因子分解可以降低参数维度。

在构建离散面板数据动态因子模型时，针对不同离散数据类型需要选择合适的链接函数，一般采用的是指数族分布。离散面板数据动态因子模型由两组模型构成：一组是因子模型；另一组是预测模型。第一组模型是对多元时序数据进行因子分解，第二组模型用于动态预报，即用历史的解释变量数据和因子得分值对未来的因变量进行预报。预测模型中解释变量的组成可以是公因子，也可以是影响因变量的其他可观测因素。如果解释变量是与个体和时间有关的其他可观测因素，需要对这些可观测因素采用固定系数模型，否则也容易产生待估参数过多的高维问题。区分模型中哪些解释变量需要采用公因子降维，哪些解释变量能够直接加入预测模型的最简单方法是考察这些解释变量是否受某种共同因素驱动，需要进行因子分解的变量存在个体之间的相互联动效应。

在引入因子成分后，离散面板数据模型的估计需要考虑更多的问题，尤其是动态面板数据模型。首先，将离散数据连续化以后，模型的形态发生了改变，原始模型因变量取值范围的变化将直接影响误差成分的改变，从而影响模型的估计；其次，采用极大似然估计需要知道随机变量的似然函数，经过变换以后，无法给出离散因变量的精确似然函数，所以只能考虑采用拟似然或者伪似然估计方法；最后，由于不同个体具有相同的公因子，面板数据存在组内相关性和组间独立性。综合模型的这些特点，本书中的离散面板数据因子模型采用广义估计方程（GEE）方法进行估计，因为广义估计方程不仅是拟似然或者伪似然方法的拓展，还能较好地处理面板数据因子模型的组内相关性和组间独立性。

离散面板数据动态因子模型将一般因子模型所研究的范畴推广到了因变量取离散值的情形。无论是二元离散变量，还是多元离散变量，采用链接函数变换以后都可以转化为指数族模型。包含大量个体或大量解释变量的高维面板数据，通过因子模型进行降维以后，构建离散因变量模型就能够对因变量取不同值时的结果进行解释。在实际应用中，可以用于个体数较多时劳动力就业中性别差异、金融市场价格涨跌、房地产市场的房屋类型，以及城乡发展差异等多种应用领域的影响因素分析。

三、面板数据因子随机波动模型（Factor PDSVM 或 PFSVM）

与其他时间序列数据相比，金融资产收益率存在很多独有特征，如波动性聚类、条件异方差性、非对称性等。所以，在金融资产收益率建模中一般采用兼顾这些特征的广义自回归条件异方差（GARCH）类模型或者随机波动模型。随机波动模型在处理时变波动性方面有着良好的拟合效果，尤其是对高频数据已实现波动性的刻画。早期随机波动模型发展的困惑在于很难用基于似然的方法进行估计，因为随机波动模型的似然函数不易给出。随着基于模拟的方法和基于矩的方法相继引入，尤其是马尔科夫链蒙特卡洛模拟（MCMC）方法在随机波动模型估计中的良好表现，使随机波动模型的应用逐步得到推广。随机波动模型的设计机制是基于一个自驱动过程，因为大多数随机波动模型都假设金融资产收益具有滞后效应，并且同时受到某些不可观测因素的影响。事实上，金融资产收益的影响因素不仅包括不可观测的潜在因素，还包括某些可观测的市场内外因素。本书所研究的面板数据随机波动模型同时考虑这两类因素，并且认为不可观测因素受随机波动性的驱动。相较一元随机波动模型和多元随机波动模型，面板随机波动模型更加强调对市场内外可观测因素的分析。

在一元和多元随机波动模型的基础上，面板随机波动模型从数据类型方面进行了拓展，将模型的研究对象从一元时间序列数据和多元时间序列数据推广到了面板数据，考虑到更多影响资产价格和收益率变动的因素，主要包括可观测因素和不可观测因素，其中的不可观测因素用潜在因子表示。整个模型由三个部分组成：面板均值方程、波动方程和因子方程。面板因子随机波动模型的构建，一方面在多元随机波动模型的建模思路上引进面板数据模型的分析方法；另一方面在因子随机波动模型的基础上研究潜在波动性。虽然所构建的模型在形式上比较复杂，但各组成部分具有明确的现实意义，分别反映了金融资产收益率的波动特征和主要影响因素。

高维面板数据随机波动模型包含大量参数和潜在因素需要估计。由于很难给出似然函数，因此无法得到模型估计的封闭型（Closed Form）解，本书采用基于贝叶斯推断的 MCMC 方法。在面板数据因子随机波动模型中，主要采用一种基于前向滤波后向抽样（FFBS）的联合估计方法，潜在波动性的平稳后验分布通过给定的先验信息设定。通过前向滤波构建马尔科夫链，同时通过后向抽样对波动方程参数进行估计。所谓的联合估计是指通过 MCMC 方法估计模型的可观测解释变量的系数，同时采用 FFBS 方法对模型其他参数进行估计，这样可以大幅降低模型估计过程中的计算量并能得出模型参数的有效估计。采用成块抽样方法（简称块抽样）可以把模型估计分成三个部分：解释变量、因子成分和因子（波动）方程。在联合估计中，前面两部分采用 MCMC 方法，第三部分采用 FFBS 方法进行估计。模拟研究表明，所设计的方法具有较好的拟合效果并能有效处理高维问题。

面板数据因子随机波动模型能够较好地拟合金融资产收益率的时变波动性和异方差性。由于同时考虑到了市场内外因素，可以进一步运用该模型的估计结果分析这些因素对资产收益率的影响程度和方向。其难点在于如何在模型中合理选择影响因素以及如何正确度量影响因素。对于某一个金融市场，各项金融资产的规模和波动幅度差别较大，如果采用面板数据分析中的固定系数模型，将不能正确反映它们之间质和量的差别。构建面板数据因子随机波动模型的目的同样是为了合理配置金融资产和进行风险管理。

第二节 结构安排

就模型的复杂程度而言，本书的各个章节之间总体上存在递进关系，这是指动态混合双因子模型既可以应用于离散因变量面板数据分析，也可以运用于随机波动模型，同时在随机波动模型中也可以考虑借鉴离散因变量模型的估计方法。实际上，三个主体模型是一种平行关系，图 1-1 中的纵向箭头标明了本书的章节安排顺序。

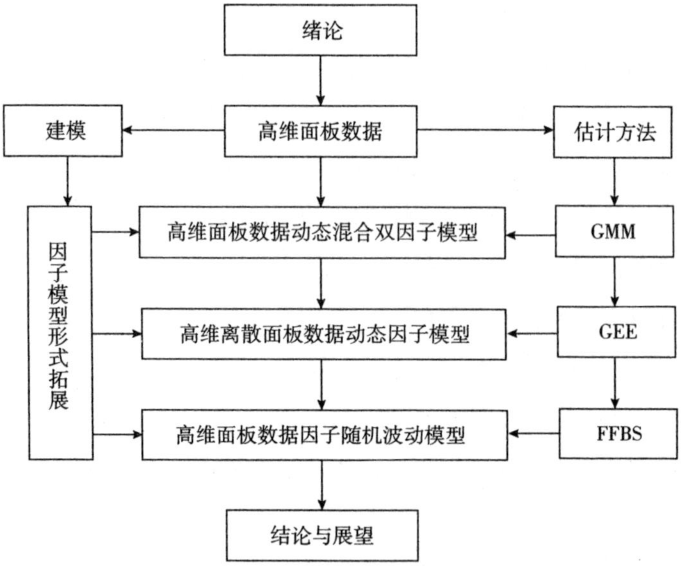

图 1-1 本书的逻辑结构

由图 1-1 可知，本书的核心问题是高维面板数据降维与因子模型估计。主要讨论三类不同的动态因子模型：高维面板数据动态混合双因子模型、高维离散面板数据动态因子模型和高维面板数据因子随机波动模型，采用了 GMM、GEE 和 FFBS 三种相应的估计方法。在实际中，结合每个模型的实际特点，对每一种估计方法进行了改进。这三个模型都是基于高维面板数据构建，且模型中都包含动态成分和因子成分，不同点是模型的具体设定和估计。换言之，本书运用动态因子模型分析高维面板数据，针对不同数据类型构建与之相应的模型，并采用合适的估计方法对模型进行估计。

在总体安排上，本书以高维面板数据作为研究对象，以动态因子模型为核心成分，研究高维面板数据模型的设定和估计。有两条主要线索：一条是针对不同类型数据的模型构建策略；另一条是相应估计方法的选择。沿着建模这条主线，在面板数据动态因子模型的基础上，构建了三类不同的高维面板数据模型。从模型估计的角度，提出了与这三类模型对应的估计方法。

第三节　本书创新点

高维面板数据分析的首要任务是降维，采用何种方式降维需要根据具体的数据类型和研究需要。本书主要采用因子模型和特定的分块估计方法减少模型的待估参数个数或者简化模型的结构。与其他研究成果不同，本书将因子模型分别运用于包括大量个体、解释变量以及复杂误差成分等可能产生高维参数的情形，拓宽了解决高维面板数据问题的思路。本书的主体部分针对不同的面板数据类型构建与之对应的动态因子模型，提供了五种不同模型的估计过程并对其中的估计方法进行了改进。从理论上证明了模型估计结果的统计性质，进一步结合不同的应用领域开展了实证研究。

一、拓宽了高维面板数据降维的思路

在利用因子模型进行面板数据分析中，从减少模型待估参数的角度，一般引入单一因子成分；由于误差项中可能存在个体之间的弱相关性，同时还需引入误差因子。本书提出的混合双因子将变量因子和误差因子相结合，构造了动态混合双因子模型，在降维的同时考虑个体相关性。离散面板数据动态因子模型和面板数据因子随机波动模型分别采用因子分解和块抽样技术对大量个体或大量参数进

行降维。这些模型对面板数据分析中的不同高维问题进行了分析，进一步拓宽了面板数据降维的思路。

二、针对不同的面板数据类型构建与之对应的动态因子模型

动态混合双因子模型主要针对解释变量个数较多和存在个体之间弱相关性的面板数据，包含变量因子和误差因子两种因子成分。离散面板数据因子模型主要针对因变量取值离散或者其他能够产生离散因变量的数据类型，如截断数据和删失数据。因子随机波动模型主要针对具有时变波动特征的金融市场数据。通过分析这些数据的内部结构特征，本书提出了与之相对应的模型。面板数据模型包括随机效应模型和固定效应模型，引入因子成分以后，可以采用因子分解的形式对固定效应进行刻画。

三、提供了几种不同模型的估计方法并对每种方法进行了改进

由于模型结构上的改变以及模型组成成分的不同，需要选取不同的估计方法对特定模型进行估计。面板数据动态混合双因子模型本质上仍然属于动态面板数据模型，所以可以采用广义矩方法进行估计，本书进一步讨论了 DMDFM（Dynamic Mixed Double Factor Model）的广义矩方法 GMM（Generalized Method of Moments）估计中权重矩阵的选择问题。离散面板数据动态因子模型采用广义线性变换以后，采用广义估计方程对模型进行估计。由于模型包括因子成分，所以需要进一步讨论（伪）似然函数和得分方程的构造。面板数据因子随机波动模型同时包括三个组成成分，在进行估计时，本书在 MCMC 算法的基础上，提出了 MCMC 与 FFBS 相结合的一种面板数据因子随机波动模型联合估计方法，并给出了具体实现过程。

四、从理论上对各个模型的估计结果的有关统计性质进行了证明

对参数估计结果的理论性质进行了推导并运用模拟计算予以验证。证明了参数模型估计结果的一致性和渐近正态性，明确了 MCMC 算法的先验和后验分布，给出了面板随机波动模型的计算步骤。理论研究和数值模拟结果表明，本书针对不同类型的模型提出的估计方法具有优良的统计性质。对特定数据而言，模型的

估计或计算结果拟合效果较好。

五、明确了相应模型的适用领域并对某些模型进行了应用研究

每类模型都有自身的适用范围。DMDFM 主要适用于具有截面相依性的高维解释变量动态面板数据，因此可以被运用于包含大量经济指标的大型宏观经济体或者行业、地区面板数据分析。离散面板数据动态因子模型和面板数据因子随机波动模型主要适用于离散因变量数据和包含时变波动特征的股市数据。本书结合中国股票市场数据对后两类模型进行了应用研究。

第二章　因子模型形式拓展

因子模型的共同特点是在模型中利用少数公因子表示大量观测变量的共同变动趋势。例如，金融产品设计，包括金融资产定价、金融资产配置和金融投资组合的构建等，其中，多个金融资产的（超额）收益率受到宏观经济和金融指标的影响。由于影响因素较多，因此，需要找一些代表性的变量或者因子对金融收益率的主要影响因素进行分析。在宏观经济分析中，经济发展情况由大量可观测和不可观测因素共同作用。又由于经济现象的复杂性，同样需要找到一些代表性的因素对宏观经济进行预测。Tsay（2010）以及 Campbell、Lo 和 Mackinlay（1997）对金融数据分析中的几种常见因子模型做了深入细致的介绍。

在经济金融分析中，因子模型有多重含义，第一章已经对本书提出的几种因子模型进行了概括性的介绍，本章首先引入因子模型及几种拓展形式，其次从理论与应用角度对各种因子模型之间的联系与区别予以分析，最后在对因子模型发展过程进行梳理的基础上探讨如何选择合适的因子模型，介绍因子模型在互联网金融市场的实际应用。

Sharp（1963）的单因子模型假设证券的收益率受到单一因素的影响，并且随机干扰项之间以及随机干扰项和因子项之间均不存在相关关系。但对多个截面资产来说，其行为受多个因素的影响。Ross（1976）提出的套利定价理论（APT）涉及多个因子，给出了金融资产的预期报酬率和一组未知个数的不确定因子之间的近似关系，反映了对所有资产由共同的多个风险因子所生成的系统风险，可以称为因子风险（Factor Risk）。Connor（1984）给出了市场投资组合完全多样化，具有完全竞争并且有大量因子的情况下，通过市场竞争均衡性可以做到资产的超额收益率仅受公因子影响，而不用考虑特质性风险因素，这就是所谓的精确因子（定价）模型（Exact Factor Models）。

因子模型中的公因子既可以是经济因素、市场因素、行业因素等，也可以是不可观测的潜在因素。Bai（2009）分别从宏观计量、微观计量、金融经济学和经济体之间的截面相依四个方面举例说明了面板数据因子模型的应用领域。其中，公因子可以代表不可观测的共同影响因素，因子载荷则代表个体的特殊性。在宏观计量中，公因子可以代表各个宏观经济体受到的共同冲击，因子载荷则代表个体受到的特质性影响。在微观计量中，例如，在研究不同年龄段人群的收入时，公因子可以代表不可观测的技能水平高低对收入的影响，因子载荷则代表个体的禀赋、毅力和创造性。在金融经济学中，公因子可以代表共同的不可观测的要素收益，因子载荷则代表个体因子导致的收益差别。在截面相依分析中，公因子代表所有个体之间存在的共同依赖关系，因子载荷则代表每个个体与其他个体之间的不同依存关系。金融资产的截面相依特征表现更为明显，这是因为从统计分析的角度，采用统计因子模型的目的是通过统计方法获取公因子以及对高维数据进行降维。统计因子模型通过多元统计分析中的因子分析对原始变量进行正交分解，用公共因子和个体特质性成分表示变量所代表的总体之间的联系以及个体的特点。本章将讨论因子模型的几种基本形式并结合具体应用进行分析，这些因子模型的几种基本形式都假设特质性因子和公因子之间不具有相关关系，后面我们将放宽这一假设。本书主要研究统计因子模型，为了保证研究工作的完整性，对其他类型的因子模型也进行适当研究。在本章以后的章节中，如果不加特别说明，所提到的因子模型主要是指统计因子模型。

第一节　因子模型的一般形式

面板数据分析中的数据序列通常具有序列相关性（动态性）以及截面相关性，在金融分析中，可以通过扩大观测周期和选择相关性较低金融资产以消除这种时空上的相依性，例如，选择超额收益率以及跨板块的股票，利用因子模型研究股票市场的风险和收益之间的关系。通常情况下，可以选择合适的回归模型消除序列和截面相关性，并对残差序列运用因子模型进行深入分析。

因子模型的一般形式为：

$$X_{it}=\alpha_i+\beta_{1i}f_{1t}+\beta_{2i}f_{2t}+\cdots+\beta_{Mi}f_{Mt}+\varepsilon_{it}$$
$$=\alpha_i+C_{it}+\varepsilon_{it}=\alpha_i+\boldsymbol{\beta}'_i\boldsymbol{f}_t+\varepsilon_{it} \tag{2-1}$$

式（2-1）中，$i=1$，…，N，表示个体数，在经济分析中可以表示资产个数、指标个数或者投资工具种类数等。$t=1$，…，T，表示观测期长度。X_{it} 可以表示股票、期货或者外汇等金融资产的收益率，也可以为债券等固定收益证券的利息率。α_i 可以表示第 i 项金融资产的截距项；$\boldsymbol{f}_t=(f_{1t}, f_{2t}, \cdots, f_{Mt})'$为时期 t 的公因子变量（对第 i 个个体是常数），M 是公因子个数；$\boldsymbol{\beta}_i=(\beta_{1i}, \beta_{2i}, \cdots, \beta_{Mi})'$为个体 i 的因子载荷（对时期 t 是常数）；ε_{it} 为第 i 个个体在 t 时期的特质性（误差）因子。

根据回归类型的不同，式（2-1）可以进一步写成截面回归和时间序列回归两种形式。

记：

$$\boldsymbol{X}_t=(X_{1t}, X_{2t}, \cdots, X_{Nt})'$$

于是式（2-1）可以写成如下的截面回归形式：

$$\boldsymbol{X}_t=\boldsymbol{\alpha}+\boldsymbol{\beta}\boldsymbol{f}_t+\boldsymbol{\varepsilon}_t \tag{2-2}$$

对于给定的某个时期 $t\in\{1, 2, \cdots, T\}$，这里有：

$$\boldsymbol{\alpha}=\begin{bmatrix}\alpha_1\\ \alpha_2\\ \vdots\\ \alpha_N\end{bmatrix};\ \boldsymbol{\beta}=\begin{bmatrix}\beta'_1\\ \beta'_2\\ \vdots\\ \beta'_N\end{bmatrix};\ \boldsymbol{\varepsilon}_t=\begin{bmatrix}\varepsilon_{1t}\\ \varepsilon_{2t}\\ \vdots\\ \varepsilon_{Nt}\end{bmatrix}$$

$\boldsymbol{f}_t$ 是 M 元 $I(0)$ 协方差平稳过程；$\boldsymbol{\varepsilon}_t$ 是 N 元白噪声过程；$\boldsymbol{f}_t$ 与 $\boldsymbol{\varepsilon}_t$ 无序列相关。

记：

$$\boldsymbol{X}_i=\begin{bmatrix}X_{i1}\\ \vdots\\ X_{it}\\ \vdots\\ X_{iT}\end{bmatrix}$$

于是式（2-1）可以写成如式（2-3）所示的时间序列回归形式：

$$\boldsymbol{X}_i=\boldsymbol{1}_T\boldsymbol{\alpha}_i+\boldsymbol{F}\boldsymbol{\beta}_i+\boldsymbol{\varepsilon}_i \tag{2-3}$$

对于给定的某个个体 $i\in\{1,2,\cdots,N\}$，这里有：

$$\boldsymbol{\varepsilon}_i=\begin{bmatrix}\varepsilon_{i1}\\ \vdots\\ \varepsilon_{it}\\ \vdots\\ \varepsilon_{iT}\end{bmatrix};\ \boldsymbol{F}=\begin{bmatrix}\boldsymbol{f}'_1\\ \vdots\\ \boldsymbol{f}'_t\\ \vdots\\ \boldsymbol{f}'_T\end{bmatrix}$$

$\boldsymbol{\alpha}_i$ 和 $\boldsymbol{\beta}_i$ 是 M 元回归参数；$\boldsymbol{\varepsilon}_i$ 是 T 维回归误差向量，且 $\text{cov}(\boldsymbol{\varepsilon}_i)=\sigma_i^2\boldsymbol{I}_T$。通常采用多元回归的方法求解这里的待估参数 $\boldsymbol{\alpha}_i$ 和 $\boldsymbol{\beta}_i$。

因子模型（2-1）~模型（2-3）根据形式设定的不同，可以分成三种主要类型：第一种类型是时间序列因子模型，最常见的是宏观因子模型，其特点是公因子 $\boldsymbol{f}_t$ 是已知的；第二种类型是行业因子模型，又称基础因子模型，从行业特征的角度，因子载荷 $\boldsymbol{\beta}_i$ 是已知的；第三种类型是统计因子模型，无论公因子 $\boldsymbol{f}_t$ 还是因子载荷 $\boldsymbol{\beta}_i$ 都是未知的，需要采用统计方法对其进行估计。

因子模型中的共同成分 $C_{it}=\boldsymbol{\beta}_i\boldsymbol{f}_t$ 在经济分析中具有一定的现实意义。例如，如果 X_{it} 表示一个国家若干个地区的国内生产总值的增长率，那么公因子代表各个地区经济发展的共同冲击，因子载荷表示每个地区受到的特别冲击，特质性成分 ε_{it} 表示每个地区经济增长率的特定变动。另外，如果 X_{it} 表示第 i 项金融资产第 t 期的超额收益率，那么 $\boldsymbol{f}_t$ 表示系统性风险，$\boldsymbol{\beta}_i$ 表示因子风险的暴露，ε_{it} 表示该项金融资产的特质性收益。这正是因子模型衍生出宏观因子模型、行业因子模型和统计因子模型等形式的现实根据。

第二节 宏观因子模型

在资本资产定价理论中，可以用一个因素或多个因素对资产报酬进行刻画。宏观因子模型主要是指 Sharpe W. F.（1970）的单因子定价模型和 Ross（1976）的套利定价理论（APT）以及 Merton（1973）的跨期资产定价模型（ICAPM），后面两种模型属于多因子模型。宏观因子模型的因子是可以观测的，因此可以采用多元线性回归模型估计方法对模型（2-1）进行估计，这里我们主要讨论精确因子模型。

一、单因子模型

在金融市场分析中，宏观因子模型中的单因子模型最有名的是由 Sharpe（1970）提出的市场模型，该模型可以表示为：

$$X_{it}=\alpha_i+\beta_i R_{Mt}+\varepsilon_{it} \tag{2-4}$$

式（2-4）中，$i=1, \cdots, N$；$t=1, \cdots, T$。X_{it} 是第 i 项资产的收益率减去无风险利率，即超额收益率；R_{Mt} 是市场风险因子，也就是整个市场的超额收益率。单因子模型中的公因子只有一个，即市场风险因子。

单因子模型满足广义的 Gauss 假设，所以可以对每一个个体 i 采用最小二乘估计得到线性模型的最优线性无偏估计量（BLUE）。在 Gauss 假设下同样可以采用极大似然估计，于是可以得到模型的估计结果：

$$\boldsymbol{X}_i=\boldsymbol{1}_T\hat{\alpha}_i+\boldsymbol{R}_M\hat{\beta}_i+\hat{\varepsilon}_i \tag{2-5}$$

残差和市场因子的方差的无偏估计量如下：

$$\hat{\sigma}_i^2=(\hat{\varepsilon}'_i\hat{\varepsilon}_i\}/(T-2)$$

$$\hat{\sigma}_M^2=\left[\sum_{t=1}^{T}(\boldsymbol{R}_{Mt}-\boldsymbol{R}_M)^2\right]/(T-1)$$

这里，$\boldsymbol{R}_M=(\sum_{t=1}^{T}\boldsymbol{R}_{Mt})/T$。

Sharpe（1970）的单因子模型认为市场变动的主要影响因素是宏观经济因

素，宏观经济因素的变动传导到投资市场，进而影响单项资产的变动，这符合资本市场变动的一般规律。

二、多因子模型

影响资产价格的宏观经济因素很多，Chen、Ross、Roll（1986）列举了很多因素，例如，市场风险、价格指数、通货膨胀率、GDP、利息率、失业率、住房建筑开工数等。这些宏观经济变量都可以看作因子模型的公因子变量，一起构成了多因子模型。

时间序列回归的线性多因子模型可以写作：

$$\boldsymbol{X}_i=\mathbf{1}_T\alpha_i+\boldsymbol{F}\boldsymbol{\beta}_i+\boldsymbol{\varepsilon}_i \tag{2-6}$$

或者写成矩阵形式：

$$\boldsymbol{X}=\boldsymbol{F}\boldsymbol{\gamma}+\boldsymbol{\varepsilon} \tag{2-7}$$

其中，$\boldsymbol{F}=[\boldsymbol{f}_1, \boldsymbol{f}_2, \cdots, \boldsymbol{f}_T]'$是 $T\times M$ 矩阵，代表影响资本市场的各种外部宏观经济因子。

多因子模型同样满足广义 Gauss 假设，对每一个个体 i 进行时间序列回归可以得到待估参数的最优线性无偏估计量 $\hat{\alpha}_i$ 和 $\hat{\boldsymbol{\beta}}_{iM\times 1}$，在 Gauss 假设下也可以采用极大似然估计，估计结果如下：

$$\boldsymbol{X}_i=\mathbf{1}_T\hat{\alpha}_i+\boldsymbol{F}\hat{\boldsymbol{\beta}}_i+\hat{\boldsymbol{\varepsilon}}_i \tag{2-8}$$

写成矩阵形式的模型（2-7）的估计结果为：

$$\hat{\boldsymbol{\gamma}}=\begin{bmatrix}\hat{\boldsymbol{\alpha}}\\ \hat{\boldsymbol{\beta}}\end{bmatrix}=(\boldsymbol{F}'\boldsymbol{F})^{-1}(\boldsymbol{F}'\boldsymbol{X})$$

模型（2-7）的残差估计为：

$$\hat{\boldsymbol{\varepsilon}}=\boldsymbol{X}-\boldsymbol{F}\hat{\boldsymbol{\gamma}}$$

宏观因子模型无论是多因子模型，还是单因子模型，都是将宏观经济变量作为公因子，在实际分析中，采用这些变量的实际数据进行多元或者一元线性回归估计，对估计结果做进一步分析，以便得出各项金融资产受宏观经济或市场环境的影响。

第三节 行业因子模型

行业因子模型（Fundamental Factor Models）的公因子是不可观测的，但可以通过估计得到，其采用特定的行业类型对金融资产的超额收益率进行研究。常见的行业因子包括产业类型、股票市值、账面价值、公司类型（成长型还是价值型，通过市盈率和市净率等指标来衡量）、股息收益等。

行业因子模型主要有两种：一种是由 BARRA 公司创始人 Bar Rosenberg 提出的 BARRA 方法；另一种是由 Fama 和 French（1992）提出的 Fama-French 因子模型。

一、BARRA 因子模型

假设 N 项金融资产被分成了 M 个行业类型。对每一项资产 i（$i=1, 2, \cdots, N$），定义因子载荷：

$$\beta_{im}=\begin{cases}1 & \text{如果第 } i \text{ 项资产属于第 } m \text{ 个行业} \\ 0 & \text{其他}\end{cases}$$

其中，$m=1, 2, \cdots, M$。这里的因子载荷具有非时变性。

对每一个时期 t（$t=1, 2, \cdots, T$），将 M 个因子表示为向量形式：

$$\boldsymbol{f}_t=(f_{1t}, f_{2t}, \cdots, f_{Mt})'$$

这个 M 维向量是不可观测的。

行业因子模型可以写成：

$$X_{it}=\beta_{i1}\boldsymbol{f}_{1t}+\beta_{i2}\boldsymbol{f}_{2t}+\cdots+\beta_{iM}\boldsymbol{f}_{Mt}+\varepsilon_{it} \tag{2-9}$$

其中，$\mathrm{var}(\varepsilon_{it})=\sigma_i^2$，$\mathrm{cov}(\varepsilon_{it}, f_{mt})=0$，$\mathrm{cov}(f_{m't}, f_{mt})=[\boldsymbol{\Omega}_f]_{m'm}$。

对每一个给定的时期 t，考虑 BARRA 因子模型的截面回归形式：

$$\boldsymbol{X}_t=\boldsymbol{\beta f}_t+\boldsymbol{\varepsilon}_t \tag{2-10}$$

其中，

$$\boldsymbol{X}_t=\begin{bmatrix} x_{1t} \\ x_{2t} \\ \vdots \\ x_{Nt} \end{bmatrix};\ \boldsymbol{\beta}=\begin{bmatrix} \boldsymbol{\beta}'_1 \\ \boldsymbol{\beta}'_2 \\ \vdots \\ \boldsymbol{\beta}'_N \end{bmatrix}=[(\beta_{im})](N\times M);\ \varepsilon_t=\begin{bmatrix} \varepsilon_{1t} \\ \varepsilon_{2t} \\ \vdots \\ \varepsilon_{Nt} \end{bmatrix}$$

其中，$\boldsymbol{\beta}$ 已经给出，$\boldsymbol{f}_t$ 是不可观测的，需要进行估计。模型（2-10）具有 N 个可观测因素和 M 个不可观测因素，由于公因子的个数应该少于金融资产的个数，所以回归模型可以进行估计。但是，回归模型随机干扰项 $\boldsymbol{\varepsilon}_t$ 的协方差矩阵 $\boldsymbol{D}=diag\{\sigma_1^2,\ \cdots,\ \sigma_N^2\}$ [其中，$\sigma_i^2=Var(\varepsilon_{it})$] 是非齐性的，方差依赖于第 i 项金融资产本身。

虽然 Barra 在行业因子模型中的随机干扰项在时间上具有独立性，但在横截面上各个单位之间具有相关性，所以，该模型能够表示成似不相关回归（SUR）模型，故不能采用普通最小二乘法（OLS）进行估计。替代的可以采用广义最小二乘法（GLS），运用特质性因子的标准误差作为权重进行加权最小二乘法（GLS）估计，估计结果为：

$$\hat{\boldsymbol{f}}_t=(\boldsymbol{\beta}'\boldsymbol{D}^{-1}\beta)^{-1}(\boldsymbol{\beta}'\boldsymbol{D}^{-1}\hat{\boldsymbol{X}}_t) \tag{2-11}$$

在实际应用中，式（2-11）中的协方差矩阵 $\boldsymbol{D}$ 是未知的，一般采用两步最小二乘法得到。

第一步，对每一个时期指标 t 采用普通最小二乘法得到 $\boldsymbol{f}_t$ 的一个预先估计：

$$\hat{\boldsymbol{f}}_{to}=(\boldsymbol{\beta}'\boldsymbol{\beta})^{-1}(\boldsymbol{\beta}'\hat{\boldsymbol{X}}_t) \tag{2-12}$$

其中，$\hat{\boldsymbol{f}}_{to}$ 中的第二个脚标字母 o 表示普通最小二乘估计。这样估计得到的因子结果满足一致性，但不满足有效性。普通最小二乘估计得到的残差为：

$$\boldsymbol{\varepsilon}_{to}=\hat{\boldsymbol{X}}_t-\hat{\boldsymbol{\beta}}\boldsymbol{f}_{to} \tag{2-13}$$

因为残差协方差矩阵具有时间齐性，可以将式（2-13）中的残差按照时间 $t=1,\ \cdots,\ T$ 堆栈起来得到协方差矩阵 $\boldsymbol{D}$ 的估计：

$$\boldsymbol{D}_o=diag\left\{\left[\sum_{t=1}^{T}(\varepsilon_{to}\varepsilon'_{to})\right]/(T-1)\right\} \tag{2-14}$$

第二步，我们将 $\boldsymbol{D}_o$ 的估计结果代入式（2-11），得到新的公因子估计结果：

$$\hat{\boldsymbol{f}}_{tg}=(\boldsymbol{\beta}'\hat{\boldsymbol{D}}_o^{-1}\boldsymbol{\beta})^{-1}(\boldsymbol{\beta}'\hat{\boldsymbol{D}}_o^{-1}\hat{\boldsymbol{X}}_t) \tag{2-15}$$

其中，$\hat{\boldsymbol{f}}_{tg}$ 中的第二个脚标字母 g 表示广义最小二乘法估计，这是 $\boldsymbol{f}_{tg}$ 公因子

的加权最小二乘法估计的样本形式。再一次对模型（2-10）进行回归，得到的残差为：

$$\boldsymbol{\varepsilon}_{tg}=\hat{\boldsymbol{X}}_t-\boldsymbol{\beta}\hat{\boldsymbol{f}}_{tg} \tag{2-16}$$

由式（2-16）得到残差的方差协方差矩阵估计结果：

$$\boldsymbol{D}_g = diag\left\{\left[\sum_{t=1}^{T}(\boldsymbol{\varepsilon}_{tg}\boldsymbol{\varepsilon}'_{tg})\right]/(T-1)\right\} \tag{2-17}$$

最终，因子估计结果的协方差矩阵为：

$$\hat{\boldsymbol{\psi}}_f = \left[\sum_{t=1}^{T}(\bar{\boldsymbol{f}}_{tg}-\bar{\boldsymbol{f}}_g)(\bar{\boldsymbol{f}}_{tg}-\bar{\boldsymbol{f}}_g)'\right]/(T-1) \tag{2-18}$$

其中，$\bar{\boldsymbol{f}}_g=\sum_{t=1}^{T}\hat{\boldsymbol{f}}_{tg}/T$。

二、Fama-French 因子模型

Fama 和 French（1992）的行业因子模型采用两步过程决定因子结果：第一步，对每个给定时期 t，运用截面的行业变量（如股票的净市值比）属性进行排序得到因子结果。这里的行业变量属性排序结果按照分位数可以分成几个投资组合。这些投资组合在 t 时期可观测的收益是给定资产行业的可观测因子值。第二步，定义 t 时期的公因子取值为 M 个投资组合所对应的行业资产的属性。

Fama 和 French 使用的三个基本因子是整体市场回报（市场超额收益率）、小型股票相对于大型股票的绩效（SMB，小型减去大型）以及价值股票相对于成长股的绩效（HML，高减低）。按市场权益和账面净值与市场权益的比率大小排序来定义具有高账面权益与市场权益比率的价值股和成长股。

Fama-French 因子模型的估计通过对每个个体 i 分别进行估计，采用时间序列回归的方法得到关于各项资产的因子载荷。

第四节　统计因子模型

因子分析是多元统计分析中降维的一种常用方法，因子分析通过因子模型将

可观测变量分解为不可观测的公因子和因子载荷两个分量以及个体误差成分。在实际应用过程中，因子模型有两个比较大的优点：一方面可以减少研究变量个数并可有效避免“维数祸根”；另一方面剔除偶然因素探寻多个个体的共同变化规律。然而统计因子模型因为其公因子不可观测，所以缺乏较好的经济解释。另外，传统的因子模型主要解决多元统计分析问题，所以研究对象为横截面数据，随着因子模型的逐步推广，已经逐步把适用数据类型拓展到多元时间序列以及面板数据分析。再者，由于因子模型必须满足一系列严格的假设，限制了其在实际中应用的推广。为了充分利用因子模型的优点并尽量克服其在经济应用中的不足，许多研究人员对传统因子模型进行了一系列改进。

对于包含 N 个个体，时期长度为 T 的面板数据序列 X_{it}，假设其均值为 $\boldsymbol{\mu}$，方差协方差矩阵为 Σ，统计因子模型同样可以由式（2-1）给出。其中，$\boldsymbol{\beta}=[\beta_{ij}]$ 是 $N\times M$ 阶因子载荷矩阵，β_{ij} 是第 i 个变量在第 j 个因子上的载荷矩阵，$N>M$。$\boldsymbol{f}_t$ 是 M 维公因子向量，$\boldsymbol{\varepsilon}_{it}$ 是特质性成分。在统计因子模型（2-1）中，左边的多元变量 X_{it} 经常要减去其均值 $\boldsymbol{\mu}$，所以统计因子模型中通常不出现常数项 $\boldsymbol{\alpha}$。统计因子模型中公因子 $\boldsymbol{f}_t$ 是潜变量（Latent Variables），其结构可以由对可观测的资产收益的数据得出。提取因子结构的两种基本方法是因子分析法和主成分分析法，两种方法都是对变量 $\boldsymbol{X}_t$ 的方差协方差矩阵 Σ 的样本估计值进行因子分解，进而构建因子模型。

因子分析中的正交因子模型是最基本的统计因子模型，式（2-1）所给出的因子模型要成为（静态）正交因子模型，需满足如下三条基本假设：

（1）$E(\boldsymbol{f}_t)=\boldsymbol{0}$，$\mathrm{cov}(\boldsymbol{f}_t)=\boldsymbol{I}_M$ 为 $M\times M$ 的单位阵；

（2）$E(\boldsymbol{\varepsilon}_t)=\boldsymbol{0}$，$\boldsymbol{\varepsilon}_t=(\varepsilon_{1t},\ \varepsilon_{2t},\ \cdots,\ \varepsilon_{Nt})'$，$\mathrm{cov}(\boldsymbol{\varepsilon}_t)=D=diag\{\sigma_1,\ \sigma_2,\ \cdots,\ \sigma_N\}$ 为 N 阶对角方阵；

（3）$\mathrm{cov}(\boldsymbol{f}_t,\ \boldsymbol{\varepsilon}_t)=\mathrm{cov}(\boldsymbol{f}_t\boldsymbol{\varepsilon}'_t)=\boldsymbol{0}_{M\times N}$，即 $\boldsymbol{f}_t$ 与 $\boldsymbol{\varepsilon}_t$ 相互独立。

在上述假设下，自协方差矩阵 $\sum_X$ 满足：

$$
\begin{aligned}
\sum_X &= \mathrm{cov}(\boldsymbol{X}_t) = E((\boldsymbol{X}_t-\boldsymbol{\mu})(\boldsymbol{X}_t-\boldsymbol{\mu})') \\
&= E((\boldsymbol{\beta f}_t+\boldsymbol{\varepsilon}_t)(\boldsymbol{\beta f}_t+\boldsymbol{\varepsilon}_t)') \\
&= \boldsymbol{\beta\beta}'+\boldsymbol{D}
\end{aligned}
\tag{2-19}
$$

并且

$$\operatorname{cov}(\boldsymbol{X}_t, \boldsymbol{f}_t)=E((\boldsymbol{X}_t-\boldsymbol{\mu})\boldsymbol{f}'_t)=\boldsymbol{\beta}E(\boldsymbol{f}_t\boldsymbol{f}'_t)+E(\boldsymbol{\varepsilon}_t\boldsymbol{f}'_t)=\boldsymbol{\beta} \tag{2-20}$$

由式（2-19）和式（2-20）可知，正交因子模型具有如下两个基本特点：一是模型的协方差矩阵可以用正交因子表示；二是正交因子分解的结果不具有唯一性。

由式（2-19）可知，正交因子模型的估计方法和回归模型的估计有很大区别。正交因子模型的估计方法主要有主成分分析法和极大似然估计法。前者对数据的分布特征没有要求，后者主要是对服从正态分布的数据进行分析。每一种方法所得到的解都可以采用因子旋转使对因子的解释变得更简单。

一、主成分法

主成分分析法对因子模型进行估计得到的是主成分因子。对统计总体而言，对原始变量的相关系数矩阵进行谱密度分解得到协方差矩阵Σ，得到Σ因子化的配对特征根—特征向量（λ_i，$\boldsymbol{e}_i$），设$\lambda_1 \geqslant \lambda_2 \geqslant \cdots \geqslant \lambda_N \geqslant 0$，则有：

$$\begin{aligned}\Sigma &= \lambda_1\boldsymbol{e}_1\boldsymbol{e}'_1+\lambda_2\boldsymbol{e}_2\boldsymbol{e}'_2+\cdots+\lambda_N\boldsymbol{e}_N\boldsymbol{e}'_N \\ &= [\sqrt{\lambda_1}\boldsymbol{e}_1\cdots\sqrt{\lambda_2}\boldsymbol{e}_2 \vdots \cdots \vdots \sqrt{\lambda_N}\boldsymbol{e}_N]\begin{bmatrix}\sqrt{\lambda_1}\boldsymbol{e}_1' \\ \sqrt{\lambda_2}\boldsymbol{e}_2' \\ \vdots \\ \sqrt{\lambda_N}\boldsymbol{e}_N'\end{bmatrix}\end{aligned} \tag{2-21}$$

尽管由式（2-21）得到的协方差矩阵Σ的分析表达式很确切，但并不是很实用，因为得到的公因子的个数和变量的个数相同导致特质性成分 $\boldsymbol{\varepsilon}_t$ 中变动较少。通常只需要保留一部分公因子来对模型的协方差结构进行解释，由于最后的 $N-M$ 个特征根较小，我们可以忽略式（2-21）中剩余 $N-M$ 项特征根—特征向量和式 $\lambda_{M+1}\boldsymbol{e}_{M+1}\boldsymbol{e}'_{M+1}+\cdots+\lambda_N\boldsymbol{e}_N\boldsymbol{e}'_N$ 对Σ的影响。于是得到：

$$\Sigma \approx [\sqrt{\lambda_1}\boldsymbol{e}_1 \vdots \sqrt{\lambda_2}\boldsymbol{e}_2 \vdots \cdots \vdots \sqrt{\lambda_M}\boldsymbol{e}_M]\begin{bmatrix}\sqrt{\lambda_1}\boldsymbol{e}_1' \\ \sqrt{\lambda_2}\boldsymbol{e}_2' \\ \vdots \\ \sqrt{\lambda_M}\boldsymbol{e}_M'\end{bmatrix}=\hat{\boldsymbol{\beta}}\hat{\boldsymbol{\beta}}' \tag{2-22}$$

$\hat{\boldsymbol{\beta}}$ 的近似表达式可由式（2-22）得到，上述表达式忽略了$\sum$中不太重要的特质性因子，也就是没有考虑$\sum-\hat{\boldsymbol{\beta}}\hat{\boldsymbol{\beta}}'$的对角元素，如果加上特质性成分，协方差矩阵可以写作：

$$\sum \approx \hat{\boldsymbol{\beta}}\hat{\boldsymbol{\beta}}' + \boldsymbol{D}$$

$$\approx [\sqrt{\lambda_1}\boldsymbol{e}_1 \vdots \sqrt{\lambda_2}\boldsymbol{e}_2 \vdots \cdots \vdots \sqrt{\lambda_M}\boldsymbol{e}_M]\begin{bmatrix}\sqrt{\lambda_1}\boldsymbol{e}_1' \\ \sqrt{\lambda_2}\boldsymbol{e}_2' \\ \vdots \\ \sqrt{\lambda_M}\boldsymbol{e}_M'\end{bmatrix} + \begin{bmatrix}\psi_1 & 0 & \cdots & 0 \\ 0 & \psi_1 & \cdots & 0 \\ \vdots & \vdots & \vdots & \vdots \\ 0 & 0 & \cdots & \psi_N\end{bmatrix} \tag{2-23}$$

其中，$\psi_i=\sigma_{ii}-\sum_{j=1}^{M}\hat{\beta}_{ij}^2$，$i=1, 2, \cdots, N$，$\sigma_{ii}$ 为$\sum$的第（i，i）个元素。

具体对数据集 $\{\boldsymbol{X}_t\}$，需要减去样本均值$\boldsymbol{\mu}$ 以便进行中心化处理，中心化后的观测数据为：

$$\boldsymbol{X}_t-\overline{\boldsymbol{X}}=\begin{bmatrix}x_{t1} \\ x_{t2} \\ \vdots \\ x_{tN}\end{bmatrix}-\begin{bmatrix}\bar{x}_1 \\ \bar{x}_2 \\ \vdots \\ \bar{x}_N\end{bmatrix}=\begin{bmatrix}x_{t1}-\bar{x}_1 \\ x_{t2}-\bar{x}_2 \\ \vdots \\ x_{tN}-\bar{x}_N\end{bmatrix}, \quad t=1, 2, \cdots, T \tag{2-24}$$

式（2-24）能够得到和原始数据同样的样本协方差矩阵 $\boldsymbol{S}$。

在经济分析中，各个变量的计量单位不一定相同，因此可以对原始变量进行标准化处理，也就是从时间上对每一个分量减去其均值并除以其标准差，实行无量纲化，得到：

$$\boldsymbol{Z}_t=\begin{bmatrix}\dfrac{(x_{t1}-\bar{x}_1)}{\sqrt{s_{11}}} \\ \dfrac{(x_{t2}-\bar{x}_2)}{\sqrt{s_{22}}} \\ \vdots \\ \dfrac{(x_{tN}-\bar{x}_N)}{\sqrt{s_{NN}}}\end{bmatrix}, \quad t=1, 2, \cdots, T \tag{2-25}$$

标准化能够避免某些变量具有较大方差从而过度影响因子载荷的大小。

二、极大似然法

如果公因子 $\boldsymbol{F}$ 和特质性因子 $\boldsymbol{\varepsilon}$ 具有正态性，就可以采用极大似然估计获得因子载荷和特质性方差。当 $\boldsymbol{f}_t$ 和 $\boldsymbol{\varepsilon}_t$ 满足联合正态分布时，观测结果 $\boldsymbol{X}_t-\boldsymbol{\mu}=\boldsymbol{\beta f}_t+\boldsymbol{\varepsilon}_t$ 也服从正态分布，$\boldsymbol{X}_t$ 的均值为 $\boldsymbol{X}_t-\boldsymbol{\mu}=\boldsymbol{\beta f}_t+\boldsymbol{\varepsilon}_t$，方差-协方差矩阵为 $\Sigma=\boldsymbol{\beta\beta}'+\boldsymbol{D}$，似然函数可写作：

$$L(\boldsymbol{\mu},\ \Sigma)=(2\pi)^{-\frac{NT}{2}}\left|\Sigma\right|^{-\frac{T}{2}}\exp\left[-\frac{1}{2}tr\left(\Sigma^{-1}\left(\sum_{t=1}^{T}(\boldsymbol{X}_t-\overline{\boldsymbol{X}})(\boldsymbol{X}_t-\overline{\boldsymbol{X}})'+T(\overline{\boldsymbol{X}}-\boldsymbol{\mu})(\overline{\boldsymbol{X}}-\boldsymbol{\mu})'\right)\right)\right] \tag{2-26}$$

其中，$\overline{\boldsymbol{X}}$ 和 $\boldsymbol{\mu}$ 分别为样本均值和总体均值。由式（2-26）给出的系数在 $\boldsymbol{\beta}$ 并不能唯一确定，也就是不具有识别性（Identification）。为了保证唯一性，需要对 $\boldsymbol{\beta}$ 进行正交变换，添加如下的唯一性条件：

$$\boldsymbol{\beta}'\boldsymbol{D}^{-1}\boldsymbol{\beta}=\boldsymbol{\Delta} \tag{2-27}$$

其中，$\boldsymbol{\Delta}$ 是对角矩阵。

无论是采用主成分法还是采用极大似然估计法对统计因子模型进行估计，公因子的个数都需要事先给出。有时还可以利用因子旋转尽可能地分散每个因子载荷的分配，对估计结果进行因子旋转，以便各公因子具有更好的解释能力。关于公因子个数的确定和因子旋转的方法很多，主要方法可见 Tsay（2014）。

本书主要基于统计因子模型进行深入研究，所以首先分析传统的基础统计因子模型。对于面板数据而言，需要对多个个体长时期大量观察的结果建立统计模型，这相对于多元数据增加了变量维度。随着观测时期的逐渐增多，各个个体以及总体的序列相依性会更为明显，所以动态因子模型具有更广泛的应用空间，这也是我们后面将重点讨论动态因子模型的原因。

第五节　动态因子模型

统计因子模型以及动态因子模型在经济金融应用中主要是为了体现经济周期波动中经济变量变动的共同趋势，经济周期波动的特点可以用景气指数来表示。Sargent、Sims（1977）和 Geweke（1977）运用动态因子模型来研究经济景气指数的周期波动，将多元时间序列分解成两个不可观测的正交成分之和，一部分是公因子，另一部是特质性成分。其中，公因子的个数小于个体数（横截面单位数），特质性成分的个数与个体数相同，这里公因子可以包含滞后项，但特质性成分之间需满足独立性。考虑到实际应用中特质性成分经常违背独立性假设而具有个体相关性，Chamberlain、Rothschild（1983）提出了特质性成分可以存在相依性的近似因子模型。Forni 等（2000）提出了广义动态因子模型，在回归分析中采用因子分析方法，不仅允许特质性成分存在横截面相关性，而且在模型中考虑了公共成分的滞后效应。考虑因子载荷的动态性的动态因子模型最先是由 Stock、Watson（1998）提出的扩散指数模型。此后，对动态因子模型的前提假设、估计和识别方法以及应用范围等有了进一步讨论。

一、动态因子模型和静态因子模型

考虑包含 N 项金融资产的相关变量，其数值可通过逐个对时期 t 观测得到，结果为时间序列向量 $\{\boldsymbol{X}_t=(X_{1t}, X_{2t}, \cdots, X_{Nt})' \mid t=1, 2, \cdots, T\}$，简单记作 $\boldsymbol{X}_t$。进一步地，假设这些数据具有非确定性并且具有协方差平稳性，零均值，单位方差。

为了方便后面的描述，我们把因子模型（2-1）改写成如下公因子和因子载荷的形式：

$$\boldsymbol{X}_t=\boldsymbol{\Lambda f}_t+\boldsymbol{\xi}_t \tag{2-28}$$

式（2-28）中，$\boldsymbol{\Lambda}$ 表示 $N\times M$ 因子载荷矩阵，$\boldsymbol{f}_t$ 表示 M 维向量，且 $M<N$，$\boldsymbol{X}_t$ 仅受当期因子的影响，模型（2-28）被称为静态因子模型。

相对应地，动态因子模型可以写作：

$$\boldsymbol{X}_t=\boldsymbol{\Lambda}^*(L)\boldsymbol{f}_t+\boldsymbol{\xi}_t \tag{2-29}$$

其中，$\boldsymbol{\Lambda}^*(L)$ 为 $N\times q$ 因子滤波矩阵，L 为滞后算子，$\boldsymbol{\Lambda}^*(L)=\boldsymbol{\Lambda}_0^*+\boldsymbol{\Lambda}_1^*L+\cdots+\boldsymbol{\Lambda}_q^*L^q$，且 $\boldsymbol{\Lambda}^*(L)\boldsymbol{f}_t=\boldsymbol{f}_{t-1}$；$\boldsymbol{f}_t$ 为 q 维向量，且 $q<N$，$\boldsymbol{X}_t$ 不仅受当期因子的影响，而且受滞后期的影响，模型（2-29）被称为动态因子模型。

模型（2-28）和模型（2-29）可以统一写成如下形式：

$$\boldsymbol{X}_t=\boldsymbol{\chi}_t+\boldsymbol{\xi}_t \tag{2-30}$$

此处，$\boldsymbol{\chi}_t$ 称为共同成分，在静态因子模型和动态因子模型中分别为 $\boldsymbol{\Lambda}$ 和 $\boldsymbol{\Lambda}^*(L)$；$\boldsymbol{\xi}_t$ 表示特质性成分。两种模型中通常假设共同成分和特质性成分之间不具有相关性，即：

$$\mathrm{cov}(\chi_{it},\ \xi_{js})=0,\ t,\ s\in\mathbf{Z},\ i,\ j=1,\ \cdots,\ N \tag{2-31}$$

其中，$\mathbf{Z}$ 表示时间域。

静态因子模型实际上就是本章前面讨论的各类因子模型，下面将着重对动态因子模型进行讨论。

二、严格（精确）动态因子模型

因子模型中研究比较早的是严格因子模型（Strict Factor Model）或精确因子模型（Exact Factor Model），这时假设模型中公因子和特质性成分不能代表的部分（即模型的残差）的协方差为0。对动态因子模型（2-29），如果其随机扰动项（特质性成分）$\boldsymbol{\xi}_t$ 无横截面相关性，这样其协方差矩阵为对角矩阵或者对角为截面相关协方差，即：

$$\mathrm{cov}(\xi_{it},\ \xi_{js})=0,\ t,\ s\in\mathbf{Z},\ i,\ j=1,\ \cdots,\ N;\ i\neq j \tag{2-32}$$

此时称模型（2-29）为严格（精确）动态因子模型。

严格动态因子模型的估计一般采用两步法进行估计：第一步，将模型（2-29）改写成状态空间形式，假设公因子服从 p 阶向量自回归（VAR）过程，即：

$$\boldsymbol{\Phi}(L)\boldsymbol{f}_t=\boldsymbol{\varepsilon}_t \quad\Leftrightarrow\quad \boldsymbol{f}_t=\sum_{\tau=1}^{p}\boldsymbol{\Phi}_\tau\boldsymbol{f}_{t-\tau}+\boldsymbol{\varepsilon}_t \tag{2-33}$$

第二步，对于给定的下标 i，特质性过程 $\{\xi_{it}\}$ 服从如下形式的 p' 阶 AR 过程：

$$\psi_i(L)\xi_{it}=\eta_{it} \quad \Leftrightarrow \quad \xi_{it}=\sum_{\tau=1}^{p'}\psi_{it}\xi_{t-\tau}+\eta_{it} \tag{2-34}$$

其中，$\boldsymbol{\varepsilon}_t$ 和 η_{it} 分别为 $\boldsymbol{f}_t$ 和 ξ_{it} 的信息，$\boldsymbol{\varepsilon}_t$ 和 η_{it} 相互独立。Φ（·）和 ψ（·）分别为 p 和 p' 阶多项式，$\varphi(L)=\varphi_0+\varphi_1 L+\cdots+\varphi_p L^p$ 且 $\psi(L)=\psi_0+\psi_1 L+\cdots+\psi_{p'}L^{p'}$。

由式（2-29）、式（2-33）和式（2-34）共同决定的模型可以用状态空间表示如下：

$$\boldsymbol{X}_t=\boldsymbol{c}_t\boldsymbol{\beta}_t+\boldsymbol{m}_t\boldsymbol{Z}_t+\boldsymbol{w}_t \tag{2-35}$$

此处的 $\boldsymbol{Z}_t$ 是包含 n 个解释变量的向量，例如，观测变量 $\boldsymbol{X}_t$ 的滞后值等。$\boldsymbol{\beta}_t$ 可以写成如下一阶自回归形式：

$$\boldsymbol{\beta}_t=\boldsymbol{a}_t\boldsymbol{\beta}_{t-1}+\boldsymbol{v}_t \tag{2-36}$$

式（2-35）是测度方程，用来描述不可观测的状态和可以观测的状态之间的关系。其中，$\boldsymbol{\beta}_t$ 表示如下状态向量：

$$\boldsymbol{\beta}_t=\begin{bmatrix}\boldsymbol{f}_t\\ \vdots\\ \boldsymbol{f}_{t-p+1}\\ \boldsymbol{\xi}_t\\ \vdots\\ \boldsymbol{\xi}_{t-q-1}\end{bmatrix}$$

式（2-36）表示状态或转移方程，用来描述不可观测的状态的进展。式（2-25）中 $\boldsymbol{a}_t$、$\boldsymbol{c}_t$、$\boldsymbol{m}_t$ 表示依赖于时间的矩阵。$\boldsymbol{v}_t$ 和 $\boldsymbol{w}_t$ 表示 G 高斯白噪声向量，对于 t，$t'\neq t$，$E(\boldsymbol{v}_t\boldsymbol{w}_{t'})=0$。

状态空间形式的模型（2-35）可以采用基于滤波方法的极大似然估计方法进行估计，例如，Kalman 滤波。具体可见 Hamilton 等（1994）。

根据不同的数字特征，严格因子模型可以拓展成各种不同的形式，主要包括混频模型（Mariano 和 Murasawa，2003）和 Markov 机制转换模型（Darné 和 Ferrara，2011）等。

三、近似动态因子模型

严格因子模型要求模型的残差项之间以及残差项与公因子之间均不具有相关

关系。由于面板数据分析包括不同时期的观测结果，在大多数经济现象和金融市场中，有着明显的时间序列相依性。与之相反，近似因子模型（Approximate Factor Model）允许残差之间和残差项与公因子之间存在一定程度的相关和自相关关系，即：

$$\mathrm{cov}\ (\xi_{it},\ \xi_{js})\ \neq 0,\ t,\ s\in \mathbf{Z},\ i,\ j=1,\ \cdots,\ N \tag{2-37}$$

此时，称模型（2-29）为近似动态因子模型。近似动态因子模型降低了约束条件。当我们考察不同时期的不同样本点时，近似因子模型允许残差的局部截面相关和自相关，这些条件保障了当因子个数较大、资产个数更大（$N\rightarrow\infty$）时，协方差矩阵的特征根仍然有界，假设残差的自相关函数衰减为 0。因此，近似因子模型的应用较严格因子模型更为广泛，Chamberlain 和 Rothschild（1983）对近似因子模型进行了比较详细的研究。

Forni 和 Lippi（1997）、Forni 和 Reichlin（1998）以及 Forni 等（2000，2004）在分析高维动态因子模型的基础上提出了近似动态因子模型，并且提出了这类模型的多种估计方法。相对于严格因子模型，近似因子模型具有两个重要的优点：

（1）特质性成分之间可以具有弱相关性以及一定的异方差性，这可以反映出此处的特质性成分的方差—协方差矩阵 $\sum_{\xi}=E\ (\boldsymbol{\xi}_t\boldsymbol{\xi}_{t'})$ 的所有特征根都是有界的。于是，由 Stock 和 Watson（2002），协方差的均值的绝对值也是有界的，即：$\lim_{N\rightarrow\infty}N^{-1}\sum_{i=1}^{N}\sum_{j=1}^{N}|\ \xi_{it}\xi_{jt}\ |<\infty$。

（2）由式（2-37）可知，近似动态因子模型中的公因子 $\boldsymbol{f}_t$ 和特质性成分 $\boldsymbol{\xi}_t$ 之间可以具有弱相关性，这更加符合实际情况。

近似因子模型也有各种不同的拓展形式，其中主要包括因子拓展向量自回归模型（FAVAR）、时变参数 FAVAR 模型（TV-FAVAR）以及混频数据抽样（MIDAS）模型等。

为了处理缺失数据问题，在传统的 VAR 和 SVAR（结构化 VAR）的基础上，Bernanke、Boivin 和 Eliasz（2005）提出了 FAVAR 模型。该模型可以表示如下：

$$\boldsymbol{X}_t=\boldsymbol{\Lambda}\boldsymbol{f}_t+\boldsymbol{B}\boldsymbol{X}_{t-1}+\boldsymbol{\xi}_t \tag{2-38}$$

其中，$\boldsymbol{X}_t$ 表示传统 VAR 模型的内生变量，$\boldsymbol{f}_t$ 表示公因子，$\boldsymbol{\Lambda}$ 表示权重矩阵

或者因子载荷矩阵，$\boldsymbol{\xi}_t$ 表示特质性成分。$\boldsymbol{B}$ 是在对角矩阵，在第 i 个对角元上为滞后多项式 δ_i（L）。为了体现短期动态性，该模型也可以设定公因子 $\boldsymbol{f}_t$ 和特质性成分 $\boldsymbol{\xi}_t$ 为一阶自回归 AR（1）过程。

Doz、Giannone 和 Reichlin（2012）提出采用拟极大似然方法对近似因子模型进行估计。该方法的主要目标是考虑将严格因子模型作为近似因子模型的一种错误设定，在一些错误设定假设下分析因子的极大似然指标的性质，例如，忽略观测变量的序列相关或者特质性成分的横截面相关。Doz 等（2012）的研究表明，这些错误设定不会影响公因子的稳健性，尤其是当个体数 N 和时期长度 T 较大时。另外，该估计量可以得出与主成分估计量一致的有效参数估计。

与其他动态因子模型类似，近似动态因子模型也可以改写成状态空间的形式，大量的状态数等于公因子的个数 M。这时可以采用两步法对近似动态因子模型的参数进行估计：第一步采用拟极大似然估计对公因子进行估计；第二步采用 Kalman 滤波对状态转移模型参数进行估计。

四、广义动态因子模型

虽然近似动态因子模型非常符合实际情况，但实际处理起来比较困难，尤其是需要假设资产个数非常大，即 $N\rightarrow\infty$。为此，我们需要推导出一个无限维面板数据的表达式，类似于有限维面板数据的 Wold 表达式。这就是广义动态因子模型（Generalized Dynamic Factor Model），相对于广义动态因子模型而言，近似动态因子模型又被称为受限动态因子模型（Restricted Dynamic Factor Models）。

Forni 和 Lippi（2001）、Hallin 和 Lippi（2013）等研究了广义动态因子模型，当 $N\rightarrow\infty$ 时，Wald 表达式可以替换成如下形式：

$$\boldsymbol{X}_t=\boldsymbol{B}(L)\boldsymbol{u}_t+\boldsymbol{\xi}_t,\ \boldsymbol{u}_t\sim w.n.(\boldsymbol{0},\ \boldsymbol{I}) \tag{2-39}$$

其中，与受限动态因子模型不同的是，这里的 ξ_t 允许弱截面相关或者自相关，$\boldsymbol{u}_t$ 是 M 维正交白噪声过程且 $M\ll N$，$\boldsymbol{B}(L)=\boldsymbol{B}_0+\boldsymbol{B}_1L+\cdots+\boldsymbol{B}_qL^q$ 是 q（无穷）阶 $N\times M$ 矩阵多项式，L 为滞后算子，$Lu_t=u_{t-1}$。

广义动态因子模型（2-39）与动态因子模型（2-29）具有密切联系。相比较而言，式（2-39）比式（2-29）更具有一般性。广义动态因子模型可以从更加一般的假设中得到，这是 Wald 表达式在无限维时间序列上的推广。如果在式（2-29）中用 Wold 表达式表示动态因子和正交信息，则有：

$$\boldsymbol{f}_t=\boldsymbol{G}(L)\boldsymbol{u}_t,\ \boldsymbol{u}_t\sim w.n.(\boldsymbol{0},\ \boldsymbol{I}) \tag{2-40}$$

这样式（2-29）和式（2-39）具有等价性只需设定。

$$\boldsymbol{B}(L)=\boldsymbol{\Lambda}^*(L)\boldsymbol{G}(L) \tag{2-41}$$

所以从某种程度而言，近似因子模型（2-29）和广义因子模型（2-39）具有等价性，近似因子模型，当资产个体数很大（$N\rightarrow\infty$）时，是最一般的模型。为了避免混淆，我们通常将广义因子模型中的公共因子 $\boldsymbol{u}_t$ 称为公共冲击。

正是因为近似因子模型和广义动态因子模型具有一定的等价性，所以两者的估计方法也非常相似。通常可以采用主成分分析法，Kalman 滤波和（拟）极大似然估计等方法对广义动态因子模型进行估计。这些方法既适用于近似因子模型，也适用于广义动态因子模型。

对式（2-39）和式（2-40）给出的广义动态因子模型进行估计，首先将两者写成状态空间的形式：

$$\boldsymbol{X}_t^{(n)}=\boldsymbol{\Lambda}^{(n)}\boldsymbol{f}_t+\boldsymbol{\xi}_t^{(n)} \tag{2-42}$$

$$\boldsymbol{f}_t=\boldsymbol{A}\boldsymbol{f}_{t-1}+\boldsymbol{G}\boldsymbol{\eta}_t \tag{2-43}$$

严格动态因子模型中的两步估计方法也可以用于对式（2-42）和式（2-43）进行估计，然而要受到许多限制。

其次，考虑用主成分分析法（由于公因子具有滞后项，所以又称其为动态主成分分析）对式（2-42）进行估计，然后进一步考虑式（2-43）的估计方法。首先可以假设特质性成分 $\boldsymbol{\xi}_t^{(n)}$ 和 $\boldsymbol{\eta}_t$ 为 Gauss 白噪声过程，但允许存在异方差性，然后对以上假设进行放松。

对状态空间模型进行估计的第一种方法是采用 Kalman 滤波对因子和因子载荷进行预估计，利用两步估计法得到向量自回归参数，这种方法类似于前面对严格动态因子模型的估计，不过由于存在错误设定问题，需要把极大似然估计替换成拟极大似然估计（Quasi MLE）。第二种方法是通过迭代过程估计模型，采用 EM 算法进行参数估计，具体包括以下两步：

第一步，期望步（E 步）。利用 Kalman 平滑器（KS）估计因子得出模型的参数和计算期望似然。

第二步，极大化步（M 步）。利用期望似然的极大化对影子载荷和给定因子的向量自回归参数进行估计。

正如 Dempster、Laird 和 Rubin（1977）所给出的结论，EM 算法和极大似然估计具有等价性。对于上面所采用的两步估计，Kalman 滤波和 Kalman 平滑器估计方法充分考虑到了公因子的动态性，从而提高了因子估计的效率，该方法还可以用来处理非均衡面板（缺失值面板数据、混频面板数据等）。还可以通过 M 步估计对模型施加一定的约束。更多广义动态因子模型的估计方法可以见 Barigozzi 和 Hallin（2016）。

五、滞后公因子模型

扩散指数模型（Diffusion Index Models），又称扩散因子模型（Diffusion Factor Models）。Stock 和 Watson（2002）称其为近似动态因子模型，但该模型与上面我们提到的近似动态因子模型有一定的区别。他们提出该模型的主要目的是用于对宏观经济景气指数进行预测。令 $\boldsymbol{X}_t$ 为 N 维可观测的多元平稳时间序列，并且有 $\boldsymbol{X}_t=(X_{1t}, X_{2t}, \cdots, X_{Nt})'$，$E(\boldsymbol{X}_t)=\boldsymbol{0}$。$Y_t$ 为需要预测的标量序列。于是，扩散指数模型可以表示如下：

$$X_{it}=\lambda_i(L)f_t+e_{it} \tag{2-44}$$

$$Y_{t+h}=\beta(L)f_t+\gamma(L)Y_t+\varepsilon_{t+h} \tag{2-45}$$

其中，$i=1, \cdots, N$，$t=1, \cdots, T$。这里的 $\lambda_i(L)$、$\beta(L)$ 和 $\gamma(L)$ 都是有限阶滞后多项式。如果记 $\boldsymbol{f}_t=(f_{1t}, \cdots, f_{Mt})'$ 为 M 维公因子向量，且 $E(\boldsymbol{f}_t)=\boldsymbol{0}$，$\mathrm{cov}(\boldsymbol{f}_t)=\boldsymbol{I}_M$；$\boldsymbol{\Lambda}$ 为 $N\times M$ 阶因子载荷矩阵；$\boldsymbol{e}_t=(e_{1t}, \cdots, e_{Nt})'$ 为独立同分布的随机向量，均值为零，协方差矩阵为 $\sum_{\boldsymbol{e}}$。如果进一步将式（2-45）中的解释变量都看成公因子，对模型右边的前两项进行合并，这样就可以将模型（2-44）、模型（2-45）改写成如下更加简洁的形式：

$$\boldsymbol{X}_t=\boldsymbol{\Lambda}\boldsymbol{f}_t+\boldsymbol{e}_t \tag{2-46}$$

$$Y_{t+h}=\boldsymbol{\beta}'\boldsymbol{f}_t+\varepsilon_{t+h} \tag{2-47}$$

这样，模型（2-46）即为近似动态因子模型。正整数 h 表示前向预测步数，通常情况下，取 $h=1$；$\boldsymbol{\beta}=(\beta_1, \cdots, \beta_M)'$ 表示系数向量；ε_t 表示不相关的随机变量序列，其均值为零，方差为 σ_ε。式（2-47）为 Y_{t+h} 关于公因子 $\boldsymbol{f}_t$ 的提前 h 步预测的线性方程，公因子 $\boldsymbol{f}_t$ 即为扩散指数。在实际应用中，模型（2-47）中还可以加入其他的前定变量，式（2-47）可以改写成近似动态因子模型：

$$Y_{t+h}=\boldsymbol{\beta}'\boldsymbol{f}_t+\boldsymbol{\gamma}'\mathbf{Z}_t+\varepsilon_{t+h} \tag{2-48}$$

其中，$\mathbf{Z}_t=(Z_{1t},\ \cdots,\ Z_{qt})$，可以是前定变量，例如，$Y_t$、$Y_{t-1}$，等等，也可以是其他内生变量。显然，如果方程（2-48）左边的被解释变量均值不为零，那么需要在右边加上截距项。

Stock 和 Watson（2002）进一步给出了扩散指数模型的估计方法。因为模型中的 $\boldsymbol{f}_t$ 是不可观测的，所以可以采用两步法对该模型进行估计：第一步，从可观测的高维时间序列 $\boldsymbol{X}_t$ 中提取公因子 $\boldsymbol{f}_t$，这一步可以采取主成分分析法实现，得到公因子的估计值 $\hat{\boldsymbol{f}}_t$；第二步，将 $\hat{\boldsymbol{f}}_t$ 看作解释变量的观测值，采用普通最小二乘法（OLS）对模型（2-47）的系数 $\boldsymbol{\beta}$ 进行估计，估计结果可以用于对变量 Y_{t+h} 进行外推预测。在第二步中，如果对改进的模型（2-48）进行估计，也可以考虑将普通最小二乘法替换成偏最小二乘法（PLS）（Tsay，2014）。

扩散指数模型和大多数动态因子模型一样，有很多确定公因子个数的方法，通常采用 Bai 和 Ng（2002）提出的利用拓展的信息准则来确定近似因子模型的公因子的个数。

本书所研究的面板数据因子模型可以看作是几种因子模型的综合表达，解释变量部分可以看作是宏观（行业）因子模型和多因子模型的进一步推广，随机干扰项则是统计因子模型和动态因子模型的结合。从某种角度来说，通过前面的分析可知，扩散指数模型如果同时对多个个体的预测值进行估计，则该模型为面板数据因子模型的一种特例。我们将从第三章开始，主要讨论面板数据因子模型及其一些推广形式的设定和估计，具体包括模型的设定、估计和应用。

第六节　多因子模型在互联网金融市场的应用

多因子模型，包括动态因子模型的应用发端于金融市场，后来逐步向其他经济市场拓展，例如，消费市场的需求分析（Lewbel，1991）、短期经济指标的构建（Kim 和 Nelson，1999）、宏观经济预测（Stock 和 Watson，2006）、国际经济体的经济周期及其转变（Kose、Otrok 和 Whiteman，2008）以及货币政策分析（Eickmeier 等，2015）。因子模型在这些市场的成功运用，充分说明了其原理的重要性以及应用的灵活性，随着模型和估计方法的不断改进，这种应用面还在不断拓展。

多因子模型最主要的应用领域还是金融市场，从资产定价理论中的套利定价定理（Ross，1976、1977）到金融风险测度和绩效评估（Campbell，1997），主要目标都是对股票收益和波动性进行分析。从投资组合的优化中允许各项资产之间存在低度相关（Chamberlain 和 Rothschild，1983）到大规模协方差矩阵的估计（Fan、Liao 和 Mincheva，2013），新的理论方法不断提出，使模型更贴近于资本市场实际情况。另外，随着网络技术的发展，数据量在不断增长，数据维度也在不断扩张，面对大数据带来的机遇和挑战，因子模型的降维优点也日益体现。图模型的研究表明，偏相关系数是网络的有效表示，因此可以对特质性成分中的相互依赖性利用偏相关进行网络分析，通过研究市场受公共冲击（公因子）传播的网络节点，构建相应的图因子模型以便对系统性风险进行测度（Diebold 和 Yilmaz，2014）。

互联网金融市场的兴起引发了金融与科技的高度融合，互联网金融使得投融资渠道发生了深刻变化。其中，互联网金融的出现，不仅拓宽了金融产品的类型，而且颠覆了传统的交易模式，使投融资方式更加便捷化、小型化、网络化、匿名化和分散化。更为重要的是，由于监管措施滞后，加上对新鲜事物认识不足，由 P2P 网络借贷平台衍生出的一系列问题日益突出，逐渐引起监管层和各交易方的高度重视。

作为将网络与金融相结合的新兴载体，近年来互联网金融市场发展非常迅猛。多因子模型在传统金融市场不断发展和完善的同时，如何将其应用于互联网金融市场也面临着一系列挑战。如果将定性变量作为解释变量，可以设定 BARRA 因子模型，选取一些主要的定量变量并运用因子分析方法对其进行降维，通过因子分解的结果构建因子模型并运用截面回归对不同时期和不同类型平台进行对比研究，从纵向和横向分析影响互联网金融市场收益和风险的各种共同因素和特殊因素。我们后文试图将多因子模型应用于对资产收益和风险进行分析，运用因子模型对互联网金融借贷平台的收益影响因素、风险评估及预警进行研究。

采用因子模型对互联网金融市场收益和风险进行分析，具体研究思路如下：首先，根据一定原则进行指标选取，对所选取的指标数据进行探索性统计分析，从中探索这些变量在时间上和空间上的主要变动规律；其次，构建合适的因子模型，通过数据结构和数据特征选择因子模型的具体形式，进一步对模型的设定和估计方法进行讨论；最后，结合具体数据，对所构建的模型进行估计和检验，通过数据驱动的方法考虑模型的估计效果并对估计结果进行分析，对案例分析的结果进行总结并提出一些研究设想。

第三章　高维面板数据降维与因子模型估计

传统的因子分析是指当个体数 N 固定时，对多元数据的相关矩阵和协方差矩阵进行特征值分解，用少数几个（k）公因子表示大量（p）多元变量的一种数据集约技术。高维面板数据因子分析主要针对面板数据的特点，研究个体数 N 相对于观测个数 T 较多（即短面板，此时有可能 $N \geqslant T$）时的因子分析方法。同时，还需要对由指标个数和协方差矩阵的估计产生的两类高维问题同时进行分析。无论是高维面板数据因子模型的构建，还是高维面板数据因子模型的估计理论与方法，都有许多工作需要去完成。

社会经济构成是一个复杂系统。任何经济问题和经济表现都不是孤立存在的。在进行经济计量建模过程中，通常需要对复杂模型施加某些假设并予以简化。然而，如果某个经济变量的变动确实是由大量可观测或不可观测的因素引起，这时高维问题必然出现。一般情况下，这些因素又是由某些共同冲击和个体特定效应共同作用的结果。于是，能够体现经济过程这个特点的因子分析有了用武之地。

面板数据经济计量分析主要研究面板数据模型的建立和相应模型的统计推断。传统的面板数据分析讨论个体和时间效应对建模的影响，通过对误差成分的分析研究模型的估计方法，主要研究对象为长面板，尤其是单位根检验和协整分析。随着矩阵理论的进一步发展以及多元统计，回归分析，非参数统计分析方法在面板数据分析中的应用，多元统计分析中的因子分析与回归分析中的相关估计方法以及面板数据经济计量研究相结合的面板数据因子模型结构越来越复杂，所处理问题也更贴近于实际。

大规模计算能力的提高，尤其是由 Gibbs 抽样和 M-H 算法发展起来的 MCMC 方法，使贝叶斯统计学获得了新生。正是由于困扰贝叶斯统计发展的计算技术的改进，使贝叶斯统计学羽翼渐丰。即便是最彻底的频率学派统计学家，现在也不能完全断定贝叶斯统计是纯粹经验主义者的臆想。当然，贝叶斯的人（Bayesian）还有很长的路要走，尤其是在面板数据分析中。

本章的剩余部分将就高维面板数据降维以及因子模型估计的国内外研究现状，结合本书所要研究的内容予以综述。主要包括高维面板数据降维和变量选择方法、（高维）因子模型建模策略、动态因子模型的设定与估计方法以及面板数据（因子）模型的贝叶斯推断四个部分。这四个部分简单总结了本书将要研究的对象（高维面板数据），所要采用的模型（动态因子模型）以及参数降维和模型的估计方法国内外现有的部分研究成果。与本书讨论的具体模型相关的文献综述见各章的引言部分。

第一节 高维面板数据降维和变量选择方法

面板数据的降维和变量选择问题有不同的特点，前者是指面板数据分析中解释变量个数（p）非常多，甚至超过个体数（N），例如，零售商业网点成千上万种商品扫描数据，中国人民银行和国家统计部门得到的多个指标在不同个体宏观经济观测数据等。例如，Capps 和 Love（2002）利用结构方程模型（SEM）对大量零售数据进行消费者行为选择研究，Stock 和 Watson（2005）采用动态因子模型的向量自回归（VAR）方法研究货币政策对宏观经济的影响。后者主要研究混合效应模型随机效应和固定效应方差的变量选择，固定效应变量选择相对来说比较直观，随机效应变量选择难度稍大，因为其方差结构较为复杂。Chen 和 Dunson（2003）提出了采用分层贝叶斯（Hierachical Bayesian）模型识别零方差的随机效应，通过再参数化（Reparameterizes）混合模型使随机效应分布的协方差参数函数与回归系数结合成标准正态潜变量，选择随机效应方差的混合先验进行多个随机效应的变量选择。Vaida 和 Blanchard（2005）提出了采用条件赤池信息准则（cAIC）对混合效应模型进行变量选择的方法。显著的随机效应选择依赖于协方差选择策略，Dziak 和 Li（2010）对纵向数据的变量选择方法进行了综述。张波和方国斌（2012）在此基础上针对高维面板数据未来的发展、理论与应用中尚待解决的一些关键问题进行分析与展望。

在面板数据分析中经常存在很多变量，这些潜在的预测子（Potential Predictors）个数可能很大，尤其是为了减少可能的建模偏差而引入非线性项和协变量的交互效应时。事实上通常在模型中包含着一个重要变量的子集，也就是所谓的最优子集（Best Subset），它能够增强模型的可预测性，并且能够使模型更加精简，变量选择的终极目标也就是找到这个最优子集。线性回归模型中存在很多子集选择准则（Buckland、Burnham 和 Augustin，1997；Shao，1997；George，2000；Miller，2002），一些传统的变量选择方法，例如，Mallows 信息准则（Cp）、赤池信息准则（AIC）、舒瓦茨信息准则（BIC）也已推广到面板数据中（Mallows，2000；Akaike，1974；Schwarz，1978）。更多的是考虑采用惩罚似然的方法，例如，在线性混合效应模型的变量选择中，令 $\ell_i(\beta, \theta)$ 为给定协变量 $\boldsymbol{x}_i$ 和混合效应 $\boldsymbol{z}_i$ 时响应变量 $\boldsymbol{y}_i$ 的条件似然函数的对数，定义惩罚条件对数似然函数为：

$$\frac{1}{n}\sum_{i=1}^{n}\ell_i(\beta, \theta) - \sum_{j=1}^{d}p_{\lambda_j}(|\beta_j|) \tag{3-1}$$

其中，$p_{\lambda_j}(\cdot)$是带有正则化参数 λ 的惩罚函数。最大化式（3-1）得出惩罚似然估计量。λ 控制模型的惩罚性，可以设成固定值或者通过数据驱动的选择方法，例如，采用广义交叉验证（GCV）（Craven 和 Wahba，1978）。惩罚函数 $p_{\lambda_j}(\cdot)$的选择在惩罚似然变量选择中非常重要，不恰当的惩罚函数达不到应有的效果。如果令惩罚函数为熵或者 L_0 惩罚，即：

$$p_{\lambda_j}(|\beta_j|) = \frac{1}{2}\lambda^2 I(|\beta_j| \neq 0) \tag{3-2}$$

其中，$I(\cdot)$是示性函数，所有的 $\lambda_j = \lambda$，带有熵惩罚的惩罚似然函数可以写作：

$$\frac{1}{n}\sum_{i=1}^{n}\ell_i(\beta, \theta) - \frac{1}{2}\lambda^2 |M|$$

其中，$|M|=\sum_{j}I(|\beta_j|\neq 0)$ 表示候选模型的参数个数。

在误差项独立同分布假设下，对线性回归模型进行惩罚最小二乘估计时，一些其他类型的惩罚也被考虑。由于惩罚函数 $p_{\lambda_j}(\cdot)$ 的形式决定了估计量的优劣。定义 L_p 惩罚为 $p_{\lambda_j}(|\beta_j|)=\lambda_j p^{-1}|\beta_j|^p$，$p>0$。此时最小二乘 L_2 惩罚得到脊（Ridge）回归估计量（Hoerl 和 Kennard，1970）；$0<p<2$ 的 L_p 惩罚就是桥（Bridge）回归（Frank 和 Friedman，1993），介于最优子集选择和脊回归之间。L_1 惩罚下，惩罚似然估计量即为 Tibshirani（1996）提出的最小绝对收缩和选择运算子（LASSO）。Fan 和 Li（2001）建议使用平滑切割绝对偏差（SCAD）惩罚，这种方法有两个调整参数。SCAD 估计量和 LASSO 估计量很相似，它能得出一个稀疏和连续的解，他们认为 SCAD 比 LASSO 有更低的偏差。Zou（2006）在 LASSO 的基础上提出了适应最小绝对收缩和选择运算子（ALASSO），这种方法的优点是具有所谓的神谕（Oracle）性质。Wang（2012）在处理超高维数据的变量选择时，提出因子轮廓独立扫描方法，用低维潜在因子表示高维数据的相关结构。潜在因子的估计由自变量和因变量轮廓得出，这样就可以采用确切独立扫描进行模型选择。

Liang 和 Zeger（1986）提出采用广义估计方程（GEE）的方法对组（Clustered）或面板数据拟合回归模型进行估计，响应变量可以是连续的或离散的。这种方法可以看作拟似然（Quasi-likelihood）的一种推广，是一种伪似然（Pseudo-likelihood）方法。GEE 不用假定变量的分布，克服了似然函数不能表示的问题，并且不需要方差独立假设，这些与传统的变量选择方法（例如，Cp、AIC 和 BIC 等）有很大区别。运用交叉验证方法选择较小的广义残差平方和或者期望预报偏差。SCAD 和 LASSO 与 GEE 相结合，得出惩罚广义估计方程（PGEE），Fu（2003）研究了 L_q 惩罚的 PGEE 的渐近性质以及具体实现，建议采用广义交叉验证（GCV）选择正则化参数 λ_j。本书第四章将采用 GEE 方法对高维离散面板数据动态因子模型进行估计。

第二节　高维因子模型建模策略

国际著名的计量经济学刊物《计量经济学》杂志（*Journal of Econometrics*）在2011年7月发表了一份特刊，主题是“面板数据和多元时间序列数据中的因子结构”（Factor Structures in Panel and Multivariate Time Series Data），收录了利用面板和多元数据构建因子模型的一些研究成果。这充分表明，因子模型建模方法已经引起了大量研究人员的兴趣。

由于高维宏观数据集一般存在序列相关和（弱）横截面相关，Stock和Watson（2002）提出，在因子模型中加入被解释变量的滞后项进行前向预测，这样能考虑因变量的时序相关性（动态性）。他们进一步在时齐因子模型的基础上引入时变因子载荷刻画序列和横截面的相依性。对美国联邦储备委员会工业产品指数的预测结果表明，该模型与自回归模型（AR）与向量自回归模型（VAR）相比均方误差（MSE）相对较小。Stock和Watson（2005）进一步采用VAR和动态因子模型相结合的方法，运用近似因子模型研究货币政策改变对宏观经济的冲击，讨论了动态因子个数估计以及VAR基础上的因子约束检验问题。Chudik和Pesaran（2010）在无限维向量自回归模型中运用动态因子来体现具有显著效果的某个变量或截面单元对当期和滞后期其他变量的影响。

Song、Hardle和Ritov（2010）考虑到时间序列中经常存在非平稳性和可能的周期性，因此提出了一种两步估计法：第一步，采用Yuan和Lin（2006）的分组LASSO（最小绝对收缩和选择算子）等技术选择时间基函数，同时运用平滑函数主成分分析选择空间基函数；第二步，运用动态因子模型降维，获得一个去除趋势（又称退势）的低维随机过程。他们将这种广义动态半参数因子模型应用于气温、核磁共振和隐含波动面数据的分析中。

动态因子载荷的估计也得到了进一步的研究。Forni（2005）提出两阶段“广义主成分”估计方法：第一阶段估计公共成分的协方差；第二阶段确定主成分分析的权重。这种分析放宽了对特质性因子的结构约束。Deistler和Zinner

（2007）对广义线性动态因子模型的结构特征进行分析，包括可识别性、模型估计等一系列问题。Banerjee 和 Marcellino（2014）研究表明，运用因子载荷中的时间变动进行预测效果较差，尤其是小样本情形。传统的假设要求特性因子的结构为对角矩阵，如果存在结构突变，Breitung 和 Eickmeier（2011）提出构造 LR、LM 和 Wald 统计量对静态和动态因子模型结构突变进行检验，并将其运用于美国和欧元区国家经济增长模式转变的研究。

因子个数的选择是因子模型中必须考虑的问题之一。在高维动态因子模型中，因子个数的选择可以不依赖相对复杂的协方差矩阵。Bai 和 Ng（2002）提出了高维面板数据选择因子个数的几种准则，这些准则考虑由因子模型的类型决定因子个数，而不是采用传统的数据驱动方法。Hallin 和 Liska（2007）考虑运用谱密度矩阵的特征值判别广义动态因子模型的因子个数。动态因子模型不仅要确定公因子的个数，还要确定解释变量或因子的滞后阶数。Harding 和 Nair（2009）对传统的得分图（Scree Plot）方法予以推广，运用 Bai 和 Silverstein（1998）提出的随机矩阵理论和 Stieltjes 变换对特征值的分布进行分析，得出基于矩的因子个数和滞后阶数的一致估计方法。

在金融学的套利定价理论中，多因子模型可以用于减少维度和估计协方差矩阵。好的协方差矩阵估计量可以避免过度放大估计误差，协方差矩阵的最小和最大特征值对应于证券投资组合的极小和极大的方差，协方差矩阵的特征向量可用于优化投资组合。估计高维协方差矩阵相对比较困难，Fan、Fan 和 Lv（2008）研究了高维因子模型中协方差矩阵的维数对估计结果的影响。通过对样本协方差矩阵估计和基于因子模型估计进行比较，得出协方差矩阵的逆矩阵更有利于揭示因子结构。由于投资组合的优化配置和投资组合方差的减少都与协方差矩阵的逆矩阵有关，因此在优化投资组合配置中研究因子结构具有重要意义，然而其风险评价效果欠佳。Hautsch 和 Kyj（2010）基于已实现协方差多重标度谱分解（Multi-scale Spetral Decomposition）方法分析高维动态模型的协方差矩阵，运用该原理构建标准普尔 500 股票全局最小方差（GMV）投资组合，并进一步检验基于协方差矩阵的投资组合样本外预测的效果。

潜在因子（Latent Factor），又称隐性因子，潜在因子的估计主要是指因子载荷矩阵的估计。一般通过对解释变量（协变量）的 $N \times N$ 阶非负定矩阵的特征分析进行因子载荷矩阵和因子过程的估计。解释变量的个数（N）和时期长度（T）之间长度往往不一致，对于高维数据而言，如果 $N>T$，那么可以采用 Bai（2003）提出的最小二乘法进行潜在因子的估计。对于合适的变量个数 N 和非平稳因子估计，Pan 和 Yao（2008）通过求解几个非线性规划问题来解决。Lam、Yao 和 Bathi（2011）研究表明，当所有因子都比较强大且因子载荷矩阵每一列的范数都是 N 的 1/2 次方阶数时，因子载荷矩阵估计的弱一致 L_2 范数与 N 的收敛比率独立。他们运用这种估计方法进行了三只股票的隐含波动面建模分析。更多有关高维因子协方差矩阵和因子模型变量选择的讨论见 Bai 和 Shi（2012）、Bai 和 Li（2012）、Kneip 和 Sarda（2011）等的文献。

第三节　动态因子模型的设定与估计方法

Chamberlain 和 Rothschild（1983）在研究包含大量资产的无风险套利组合时，考虑到如果这些资产之间存在某种弱的相关关系，可以采用近似因子结构（Approximate Factor Structure）推导出与 Ross（1976）的套利定价定理（APT）相同的结论，该模型是 Sargent 和 Sims（1977）的严格因子模型的推广。Forni 等（2000）进一步提出广义动态因子模型（GDFM）的识别和估计方法，他们认为该模型不仅考虑到了公因子的动态性，还允许考虑特质性成分中可以具有横截面相关性。实际上广义动态因子模型是同时考虑变量滞后效应和截面相关性的因子模型。

因子模型中的因子结构可以从误差成分和解释变量两方面予以考虑：一些关于因子模型的研究仅仅考虑对误差成分进行因子分解，例如，Ahn、Lee 和 Schmidt（2001），Moon 和 Perron（2004），Fan（2008），Fan 和 Lv（2008），Bai（2009）等。这些研究主要讨论误差成分中所包含的某些不可观测的个体、时期或者交互效应，一般认为异质性误差项与解释变量存在一定的相关关系，从而需要通过误差成分的因子分解予以体现。另一些考虑对解释变量进行因子分解，例如，Forni 等（2000）、Stock 和 Watson（2002）、Bai（2003）、Anderson 和 Deistler（2008）等。这类因子模型将解释变量用两个不可观测的正交成分表示，公共成分用少数几个公因子表示，可以起到降维效果，异质性成分则用因子载荷来表示，表示个体的异质性。还有一些既考虑到了误差成分的因子分解，又考虑到了解释变量的因子分解，例如，Andrews（2005）、Pesaran（2006）等。这类研究既考虑到了多重因子误差结构，又考虑到了因为共同的外部冲击导致的个体的横截面相依性。

通常的动态因子模型考虑公共因子的滞后效应，也就是关于公因子的 AR 或者 MA 过程，这种方法能够体现个体在一段时期内的持续效应。有关动态因子模型的 VAR 也主要是基于公因子滞后项的讨论（Stock 和 Watson，2005）。公因子的动态性来源于解释变量的滞后效应。统计模型中被解释变量往往可以用解释变量来进行估计，在模型中引入解释变量的滞后项，相当于不仅当期的解释变量而且其滞后项都会对因变量产生影响。在实际应用问题中，被解释变量的滞后项也会对当期的取值产生影响。Stock 和 Watson（2002）在对大型宏观经济体进行预测时考虑到了被解释变量的滞后效应，不过最终他们仍将其转换成对公共误差成分的滞后项的研究，这并没有完全考虑到解释变量的序列相关性。

本章提出的面板数据动态混合双因子模型中引入了被解释变量的滞后项，而且各个解释变量公因子之间也具有相关性，所以对模型进行估计时采用广义矩估计方法（GMM）。Arellano 和 Bover（1995）讨论了动态面板数据模型中 GMM 估计时怎样合理利用线性矩条件及最优加权矩阵的选取。动态混合因子模型的误差项经过因子分解，结构更加复杂，因此最优工具变量的选取是模型估计中需要讨论的问题之一。具体估计时分成两步：第一步利用 GMM 估计获得与解释变量存在相关关系的特质性误差成分；第二步运用主成分法对误差成分予以分解，将分解结果代入原始方程，经过差分变换对模型进行二次估计，通过两步迭代法得到一致最优估计量，从而可以进一步研究大量指标的公共冲击对被解释变量的影响以及对被解释变量进行动态预测。

韩艾、郑桂环、汪寿阳（2010）运用广义动态因子模型分析中国金融周期景气指数，探讨金融周期与宏观经济运行轨迹之间的关系。实际上，无论是金融周期还是宏观经济景气指数的测度，都与指标的选取密切相关。怎样选择潜在因子是必须优先考虑的问题。

本书第三章将考虑面板数据分析中指标和个体维数较大情况下对大量指标进行降维处理的方法。提出基于面板数据的动态混合因子模型，考虑在模型中引入反映交互效应的因子结构，体现时间序列之间和横截面之间的相关性。

第四节　面板数据因子模型的贝叶斯推断

如果说贝叶斯定理（1763）开创了贝叶斯思想的话，贝叶斯统计学在面板数据分析中的应用主要是伴随着马尔科夫链（简称马氏链）蒙特卡洛模拟（MCMC）的提出而展开的。Metropolis 等（1953）提出了计算相对概率的一种模拟算法，Hastings（1970）将该算法予以推广，从马氏链的角度对该算法进行了重新解释。Geman 和 Geman（1984）运用 Gibbs 抽样产生马氏链，通过重复抽样获取某个条件概率的平稳分布，为贝叶斯公式的计算提供了快捷方便的模拟过程，使 MCMC 方法在贝叶斯推断过程中具有很强的可实施性。

贝叶斯推断在纵向数据分析中的应用已经非常普遍，尤其是混合效应模型和随机效应模型的研究。Chib（2008）将贝叶斯方法在面板数据分析中的应用总结为五个方面：分层先验建模；分类数据和缺失数据处理；抽样密度和先验分布的设定；面板数据边际似然和贝叶斯因子计算；MCMC 方法在后验分布抽样、预报密度和残差后验分布计算中的应用等。其中，分层先验建模主要研究根据个体差异设定的变系数模型，误差项和随机效应的分布类型等（Lindley 和 Smith，1972）。此外，由于纵向数据模型的协方差矩阵结构较为复杂，并且需要满足正定性，可以通过 Cholesky 分解的方法简化协方差矩阵。Daniels 和 Pourahmadi（2002）研究了动态模型协方差矩阵的再参数化以及贝叶斯后验分布的设定。Chen 和 Dunson（2003）运用贝叶斯方法对协方差矩阵进行再参数化，实现对线性混合模型的随机效应进行选择。由于面板计数（Count）数据和删失（Censored）数据的极大似然估计和最小二乘估计很难得出一致有效的结果。很多相关文献采用贝叶斯方法对这类数据模型进行估计与推断。更多有关二元变量、顺序变量和删失变量的面板数据贝叶斯算法见 Chib（2008）。

虽然面板数据分析和纵向数据分析方法论基本上可以互相借用，但如果将面板数据分析界定为在经济学和某些社会科学领域的一种称谓的话，面板数据分析更加强调经济数据固有的特点。因此，序列或空间的自相关性以及误差成分的异方差性是面板数据研究的两个重要内容。贝叶斯统计方法在这两方面的研究相对比较深入，一些新的算法被提出。Chib 和 Greenberg（1994）给出了基于 Student-Student 相关误差面板的自回归系数 φ 的 M-H 算法。Nandram 和 Petruccelli（1997）运用贝叶斯分层模型分析自回归时间序列面板数据，提出两种针对平稳序列和非平稳序列的算法。结合经济现象序列相依性建立动态模型，进而在实际应用中运用贝叶斯估计方法取得了较好的效果。Juárez 和 Steel（2010）提出一种一阶自回归非高斯模型，该模型能够较好体现厚尾特征和有偏分布，因此比较适合于对异常值和非对称性的分析。通过设定一种乘积形式的先验和正确的后验，能够得出该模型的估计结果。对收入数据和国家经济增长数据的实证研究表明，该模型的贝叶斯估计较好地体现了所研究的实际数据的特点。Moral-Benito（2012）提出一种极大似然的贝叶斯平均估计（BAMLE），通过对先验分布进行加权极大似然估计，得出一组超参数。在包含个体固定效应的面板数据分析中，该方法能有效刻画经济动态增长模型的不确定性和内生问题。可以用来寻找经济稳定增长的决定性因素。Basu 和 Chib（2003）通过参数化误差项协方差矩阵，对观察的误差过程协方差矩阵赋予权重，体现残差项的异方差性。利用逆伽玛分布和伽玛分布给出了高斯—高斯异方差面板的 MCMC 算法。

由于面板数据结构的复杂性，贝叶斯方法还与其他方法相结合对其进行分析。Chib 和 Hamilton（2002）对包含潜在结果因果效应的半参数面板贝叶斯模型运用 MCMC 模拟方法进行完全贝叶斯分析。运用类似的方法，Hirano（2002）采用 Dirichlet 过程先验研究非参数贝叶斯模型的理论和计算，对随机效应自回归模型的非参数特质性冲击进行分析。由于没有关于分布的参数假设，估计面板数据模型相对比较困难，笔者认为，采用密度模型的分层表示能有效地解决这一问题。Koop 和 Tobias（2006）对横截面和面板数据的非线性平滑系数模型进行贝叶斯估计和检验。由于平滑系数模型可以得出解析式，分层平滑系数模型和非线性模型可以认为是线性潜在变量模型，因此仅仅需要对标准分布进行迭代求解。以上所提到的非参数或半参数贝叶斯估计都是针对特定模型的。Li 和 Zheng

（2008）运用半参数贝叶斯方法推断动态 Tobit 面板数据模型不可观测的个体异质性。这种方法虽然能够得出平均部分效应和平均转移概率，但由于算法上的复杂性，很难保证其结果的有效性。

Arellano 和 Bonhomme（2009）认为，大多数面板数据贝叶斯估计方法都是采用平均分配权重给个体效应、固定效应和随机效应的不同取值，从实际角度考虑，这极不合理。他们采用偏差减少的先验权重，认为这种稳健权重在给定某些条件下估计结果具有更好的一致性。不过，这种稳健的先验还没有一个统一的设定标准。

有关面板数据因子模型的贝叶斯统计研究成果较少。现有的贝叶斯估计方法研究主要针对一元或多元因子模型。Han（2006）提出一种动态因子多元随机波动模型，通过在动态因子模型中引入大规模金融资产时变初次二阶矩，研究高维情形预期收益和风险资产的配置问题。并将该模型应用于 36 只股票的动态投资组合的构建中。该模型在大量资产投资组合构建中有着较好的预测效果。然而该模型对于隐含波动性和金融资产所存在的截面和序列相关没有充分考虑。Han（2006）所采用的因子模型的贝叶斯估计方法是 Chib、Nardari 和 Shephard（2006）动态因子模型估计方法的拓展。Chib 等针对金融资产收益序列的特点设定了带跳跃的多元随机波动模型，提出了高维多元时间序列的 MCMC 算法。其估计方法的特点主要表现在两个方面：一是减少了分块；二是转化为一元随机波动模型的特殊形式予以处理。

Tsay 和 Ando（2012）研究了个体数大于时期长度的高维面板数据的降维和估计方法。采用贝叶斯因子分解的方法，用少数几个公因子表示大量经济变量的共同冲击。提出了面板数据因子分解中公因子个数确定的方法，模拟研究结果表明，该方法与 Bai 和 Ng（2002）相比有较好的选择效果。

本书第六章将在多元因子随机波动模型的基础上，进一步构建面板数据因子随机波动模型，并采用基于 FFBS 的联合估计方法对该模型进行估计。所谓联合估计方法，即运用贝叶斯估计方法，结合相关的抽样技术和模拟技术，对面板数据因子随机波动模型的各个组成部分的参数和潜在变量进行联立估计。

第四章　高维面板数据动态混合双因子模型

第一节　引言

大型宏观经济数据集的处理一直是面板数据分析中较难解决的问题之一。这是因为，相对于微观面板数据，宏观面板指标众多，而且各个指标之间一般都具有相关性。由于面板数据从横截面和时间序列两个维度对各种指标予以分析，所以其内部既可能具有序列相关也可能包含横截面相关。如果这种相依性特征确实存在，不管其相依程度如何。在应用面板数据计量经济方法进行分析时，都应该在模型中予以体现。例如，在进行各个国家（或地区）经济发展状况比较时，如果将每个国家（地区）看作是一个个体，对多个指标连续观测，由于各地区经济发展具有相关关系，所以可能既存在序列相关，也可能存在横截面相关。同样，在微观面板数据分析中也存在类似的问题。例如，对股票市场的多只股票连续多年的财务数据进行分析以及证券市场资产配置和投资组合的构建过程中，由于存在相关行业联动性和整个市场的系统波动性，所以也可能同时存在截面相关和序列相关等。在这些大维面板数据集处理过程中不仅需要研究变量之间的个体相关性和序列相关性，还需要同时考虑怎样减少指标个数的降维问题。

对于面板数据而言，由于需要从横截面和时间序列两个维度进行建模，所以不仅应该考虑可能存在的序列相关性，还应该考虑截面之间的相关性。为了充分考虑这种横截面相关或序列相关，本章提出一种混合双因子模型。所谓的双因子是指对解释变量和误差成分分别进行因子分解。混合性表示两个因子分解不仅公因子和因子载荷不同，而且分解方法也不完全相同。这种混合双因子模型分别从时间序列和横截面两个角度考虑面板数据内部的相依结构特征。为了体现横截面相关，我们引入解释变量和误差成分的公因子和因子载荷矩阵；又为了体现序列相依，进一步引入被解释变量的滞后项作为内生变量。这种考虑被解释变量的动态效应的混合双因子模型，我们称之为动态混合双因子模型（DMDFM）。

与横截面或者时间序列数据不同，面板数据包含个体、时间和变量三个维度。假设 N 表示个体数，T 表示时期长度，P 表示可观测的变量个数。我们主要考虑短面板情形，即个体数 N 大于时期数 T。当然，在本章最后，我们对这一条件予以放宽。同时考虑观测变量个数比较大，而且这些变量之间可能具有相关性，采用传统建模方法会产生多重共线性问题。这时，通过对解释变量进行因子分解，采用主成分法，用少数公因子（因子得分）表示大量的解释变量，一方面体现了变量之间的相关关系，另一方面减少了指标的个数和待估参数的个数，使模型估计过程中的自由度不至于太小，降低了高维多元变量的维度。

动态面板数据混合双因子模型中引入了被解释变量的滞后项，而且各个解释变量公因子之间也具有相关性。所以对模型进行估计时采用广义矩估计方法（GMM）。Arellano 和 Bover（1995）讨论了动态面板数据模型中 GMM 估计时怎样合理利用线性矩条件及最优加权矩阵的选取。动态混合双因子模型的误差项经过因子分解，结构更加复杂，因此最优工具变量的选取是我们需要讨论的问题之一。具体估计时分成两步：第一步，利用 GMM 估计获得与解释变量存在相关关系的特质性误差成分，运用主成分法对误差成分予以分解；第二步，将分解结果代入原始方程，经过差分变换对模型进行二次估计，通过两步迭代法得到一致最优估计量，从而可以利用估计结果运用大量指标的公共冲击对被解释变量进行动态预测。

本章下面各节的安排如下：第二节我们提出一些预先的记号和面板数据的混合双因子模型的构建步骤。第三节给出模型设定和识别的一些基本条件，相比于仅仅考虑相关性的因子模型，混合因子模型能更好地满足这些基本假定。第四节在满足基本假设的前提下，讨论了动态混合双因子模型估计中的两个重要问题：一个是因子个数的确定；另一个是估计方法的选取。第五节是有关动态混合双因子模型的模拟数据生成过程，以及对估计结果的分析；一些结论将在第六节给出。

第二节　面板数据动态混合双因子模型

一、面板数据因子模型

在面板数据模型中，令 $\boldsymbol{X}_{it}$ 和 Y_{it} 分别表示解释变量和被解释变量第 i 个横截面单元在第 t 个时期的观测数据，其中，$i=1$，…，N；$t=1$，…，T。$\boldsymbol{X}_{it}$ 是一个 p 维列向量，p 为解释变量的个数。Hsiao（2003）考虑如下模型，其斜率系数为常数，截距项随时间和个体的变化而变化：

$$Y_{it}=\alpha_{it}+\sum_{k=1}^{p}\beta_k X_{kit}+u_{it}$$

如果将标量常数看作解释变量并用矩阵形式予以表示，那么可进一步改写为一种简洁的形式：

$$Y_{it}=\boldsymbol{B}'\boldsymbol{X}_{it}+u_{it} \tag{4-1}$$

其中，$\boldsymbol{B}$ 是 $p\times1$ 向量，表示待估参数。u_{it} 表示随机误差项。

Pesaran（2006）研究了线性异方差面板数据多因子误差结构模型 $Y_{it}=\boldsymbol{A}_i'\boldsymbol{D}_t+\boldsymbol{B}'\boldsymbol{X}_{it}+u_{it}$ 的估计和推断，将误差项用多因子误差结构表示为：

$$u_{it}=\boldsymbol{\Gamma}_i'\boldsymbol{G}_t+\varepsilon_{it} \tag{4-2}$$

其中，$\boldsymbol{G}_t$ 是不可观测的共同效应，ε_{it} 表示个体特质性误差。如果 $\boldsymbol{G}_t$ 与 $\boldsymbol{X}_{it}$ 具有相关性，那么 $\boldsymbol{X}_{it}$ 也可以用 $\boldsymbol{G}_t$ 线性形式表示，并可称为共同相关效应（Common Correlated Effect，CCE）。Bai（2009）进一步考虑了个体数 N 和时期数 T 都很大时，将因子载荷和因子看作是参数估计量的识别、一致性和极限分布等一系列问题。

$$Y_{it}=\boldsymbol{B}'\boldsymbol{X}_{it}+\boldsymbol{\Gamma}'_i\boldsymbol{G}_t+v_{it}$$

在高维面板数据分析中，为了降低个体数据维度，体现面板数据个体之间相依性结构特征，在 $\boldsymbol{X}_{it}$ 仅仅包含一个解释变量的情况下，Bai（2003）考虑将模型（4-1）中的解释变量用公因子形式表示：

$$X_{it}=\boldsymbol{\Lambda}_i'\boldsymbol{F}_t+e_{it} \tag{4-3}$$

其中，X_{it} 表示标量，$\boldsymbol{\Lambda}_i'$为因子载荷矩阵，$\boldsymbol{F}_t$ 表示公因子向量。如果公因子的个数为 r，那么这 r 个公因子的表达式可以写成：$\boldsymbol{\Lambda}'_i\boldsymbol{F}_t=\lambda_{i1}F_{1t}+\cdots+\lambda_{ir}F_{rt}$。$e_{it}$ 表示异质性误差；此处的 $\boldsymbol{\Lambda}_i$、$\boldsymbol{F}_t$ 和 e_{it} 均不可观测。如果 X_{it} 仅仅包含一个变量，模型（4-1）可以由公因子 $\boldsymbol{F}_t$ 表示为：

$$Y_{it}=\boldsymbol{A}'\boldsymbol{F}_t+u_{it}^* \tag{4-4}$$

其中，$\boldsymbol{A}$ 表示公因子系数；u_{it}^* 表示不可观测的特质性误差，并且假设 u_{it}^* 与 $\boldsymbol{F}_t$ 不具有相关性。

二、面板数据动态混合双因子模型

由于序列相关和横截面相关可能同时存在，同时各指标之间也可能存在一定的相关关系。在建立面板数据公因子模型时，一方面必须考虑解释变量之间可能具有的相关性，另一方面还应考虑被解释变量与其滞后项之间的相关性。Stock 和 Watson（2002，2005）考虑了多元时间序列动态因子模型的设定和估计以及外推预测等问题，然而并没有将其推广到面板数据模型。同时，面板数据特质性误差项 u_{it} 中可能存在某些不可观测的交互效应。如果综合考虑这些因素，那么可以建立如下面板数据一阶自回归动态混合双因子模型：

$$Y_{it}=\boldsymbol{\beta}'_L\boldsymbol{Y}_{iw}+\boldsymbol{\beta}'_F\boldsymbol{F}_{it}+\boldsymbol{\Gamma}'_i\boldsymbol{G}_t+\varepsilon_{it} \tag{4-5}$$

其中，Y_{it} 表示被解释变量，表示第 i 个个体在第 t 时期的观测值；$\boldsymbol{Y}_{iw}$ 为 Y_{it} 的滞后项组成的 h 阶向量，$w=t-1,\ \cdots,\ t-h$；$\boldsymbol{\beta}_L$ 和 $\boldsymbol{\beta}_F$ 分别为 $h\times1$ 和 $r\times1$ 待估参数向量，$\boldsymbol{F}_{it}$ 为不可观测的 $r\times1$ 公因子向量。由解释变量 X_{kit} 分解得到：

$$X_{kit}=\boldsymbol{\Lambda}'\boldsymbol{F}_{it}+e_{it} \tag{4-6}$$

其中，$\boldsymbol{\Lambda}$ 表示 $r\times1$ 因子载荷，与式（4-3）不同的是，此处的 r 个公因子由 p 个解释变量提取得到，而式（4-3）则由 N 个个体提取得到。另外一组公因子 $\boldsymbol{G}_t$ 和对应的因子载荷 $\boldsymbol{\Gamma}_i$ 都是不可观测的 $s\times1$ 向量，由回归方程：

$$Y_{it}=\boldsymbol{\beta}'_L\boldsymbol{Y}_{iw}+\boldsymbol{\beta}'_F\boldsymbol{F}_{it}+u_{it} \tag{4-7}$$

的特质性误差 u_{it} 通过式（4-2）类型的因子分解得到。即：

$$u_{it}=Y_{it}-\boldsymbol{\beta}'_L\boldsymbol{Y}_{iw}-\boldsymbol{\beta}'_F\boldsymbol{F}_{it}=\boldsymbol{\Gamma}'_i\boldsymbol{G}_t+\varepsilon_{it}$$

其中，s 个公因子及对应的因子载荷可以表示成：$\boldsymbol{\Gamma}'_i\boldsymbol{G}_t=\gamma_{i1}G_{1t}+\cdots+\gamma_{is}G_{st}$。

采用矩阵形式，省略个体和时期下标，可以写成如下的简洁形式：

$$\boldsymbol{Y}=\boldsymbol{\beta}'_L\boldsymbol{Y}_L+\boldsymbol{\beta}'_F\boldsymbol{F}+\boldsymbol{\Gamma}'\boldsymbol{G}+\boldsymbol{\varepsilon} \tag{4-8}$$

此处，$\boldsymbol{Y}$ 和 $\boldsymbol{Y}_L$ 分别表示被解释变量及其滞后项；$\boldsymbol{F}$ 表示不同个体在不同时期的 r 个公因子；$\boldsymbol{G}$ 和 $\boldsymbol{\Gamma}$ 分别是误差项公因子和因子载荷；$\boldsymbol{\beta}_L$ 和 $\boldsymbol{\beta}_F$ 分别为因变量滞后项和解释变量公因子的系数向量。

由式（4-8）得到包括个体和时间维度交互效应的面板数据模型。在此模型中，$\boldsymbol{Y}$ 的滞后项 $\boldsymbol{Y}_L$ 体现了时间序列的相关性。在以下的分析中，主要考虑一阶自回归模型。实际上，类似的结论很容易推广到包含多阶滞后项的模型。由于我们打算研究指标个数 p 很大时面板数据因子模型的构建，引进第一个公因子 $\boldsymbol{F}$ 的目的是降低解释变量指标的维度，同时解决各个指标之间由于相关关系造成的多重共线性。第二个公因子 $\boldsymbol{G}$ 解决的则是误差成分的交互效应，从而使特质性误差成分 $\boldsymbol{\varepsilon}$ 满足模型的假设。

三、动态混合双因子模型的特例

式（4-8）所给出的模型是大多数已经存在的近似因子模型更一般的形式，模型中不仅体现了面板数据内部的各种相关关系，而且可以用于对大维数据建模，进一步还能运用该模型对某些经济指标进行预测与解释。很多常见的因子模型都可以看作是该模型的一个特例。

前面提到的 Bai（2009）的交互固定效应模型没有考虑到变量的滞后效应。仅仅从特质性误差项可能存在的交互效应进行分析。如果不考虑滞后项，并将因子分解模型看作是解释变量的恒等变换，显然动态混合因子模型可以转变成交互固定效应模型。如果对误差项不进行因子分解而仅对解释变量进行因子分解，那么为一般的因子模型。

动态混合双因子模型既考虑到了 Pesaran（2006）多重误差结构模型中误差项的多重因子结构，也考虑到了解释变量的个体特定效应，同时还考虑到被解释变量可能存在的滞后效应。在因子分解的过程中，如果将两个公因子 $\boldsymbol{F}$ 和 $\boldsymbol{G}$ 视作相同的分解得到，那么动态混合双因子模型就变成了多重误差结构模型。

Anderews（2005）提到的横截面回归中的共同冲击（Common Shocks），虽然比公因子更具有一般性，但其不仅假设条件过于苛刻，而且仅仅适用于横截面回归，并且没有具体提出共同冲击的表现形式，如果将动态混合双因子模型的因子分解式用公共冲击表示，显然也可得到类似的结论。

动态混合双因子模型中的预测思路与 Stock 和 Watson（2002）基本一致，我们不仅继续沿用了模型的预测方法，而且通过引进两种不同类型的因子：一是充分考虑到了可能存在的内部相关性。将一般的多元时间序列分析问题推广到面板数据分析，显然需要考虑的因素更加复杂。二是需要考虑的问题就是面板数据模型的随机效应和固定效应是否包括在模型（4-8）中。随机效应模型是指个体特定效应或者时间特定效应为随机变量，此时，误差成分项可以表示为：

$$u_{it}=\alpha_i+\lambda_t+\varepsilon_{it}$$

右端各项的期望和自协方差为 0，方差为常数。交叉项的协方差也为 0。显然，如果令：

$$\boldsymbol{G}=[1\quad \lambda_t] \qquad 和 \qquad \boldsymbol{\Gamma}=[\alpha_i\quad 1]$$

并且 $\boldsymbol{G}$ 和 $\boldsymbol{\Gamma}$ 满足上述性质，那么可构成所谓的随机效应模型。Bai（2009）曾对误差成分分解部分包含交互固定效应进行了研究。

固定效应模型是指个体效应在时间维度的特定表现或者时间效应在个体维度的特定表现。对 $\boldsymbol{G}$ 和 $\boldsymbol{\Gamma}$ 添加一些假设条件，同样可以转化成面板数据固定效应模型。

第三节　模型的识别和假设

在处理多指标高维面板模型时，一般要假设个体数 N 和时期长度 T 较大，以便讨论其渐近性质。为了研究相关统计量的渐近性质，本章主要讨论个体数较大的情形。在此，我们更加关注指标维度较高，即指标个数 p 较多，渐近趋向于无穷的情形。当然，N，p 的相对大小没有严格的限定。

模型中参数或变量的识别问题主要来自没有足够多的条件限制，导致其取值不能唯一确定。对于因子模型来说，要使得模型能够正确识别和估计，不仅要对因子和因子载荷赋予一定的假设条件，还要对误差项、解释变量以及估计过程中所采用的模型（4-2）、模型（4-5）、模型（4-6）和模型（4-7）提出一些限制条件。

（1）假设 A（可识别性）：

A1：$\boldsymbol{\Lambda\Lambda}'/p\to\boldsymbol{I}_r$。

A2：$E(FF')=\sum_{FF'}$，其中，$\sum_{FF'}$为 r 阶正定对角矩阵；为了简洁，此处省略了公因子 $\boldsymbol{F}_{it}$ 的下标。

A3：$\boldsymbol{\Gamma\Gamma}'/N\to\boldsymbol{I}_s$。

A4：$E(\boldsymbol{G}_t\boldsymbol{G}'_t)=\sum_{GG'}$，其中，$\sum_{GG'}$为 s 阶正定对角矩阵。

由于 $\boldsymbol{\Lambda}'\boldsymbol{F}_{it}=\boldsymbol{\Lambda}'\boldsymbol{RR}^{-1}\boldsymbol{F}_{it}$ 和 $\boldsymbol{\Gamma}'_i\boldsymbol{G}_t=\boldsymbol{\Gamma}'_i\boldsymbol{QQ}^{-1}\boldsymbol{G}_t$，其中的 $\boldsymbol{R}$ 和 $\boldsymbol{Q}$ 可以是任意的 r 阶和 s 阶可逆方阵，如果不施加一定的限制条件，解释变量和误差项的因子分解将不会唯一。通过假设 A1 和假设 A2 给出第一组因子 $\boldsymbol{F}_{it}$ 及其因子载荷 $\boldsymbol{\Lambda}$ 一共有 r^2 个约束。假设 A3 和假设 A4 给出第二组因子 $\boldsymbol{G}_t$ 及其因子载荷 $\boldsymbol{\Gamma}_i$ 一共有 s^2 个约束。Stock 和 Watson（2002）在研究动态因子模型的时候曾指出，如果在模型（4-5）中考虑公因子 $\boldsymbol{F}_{it}$ 和 $\boldsymbol{G}_t$ 的滞后项，假设 A2 和假设 A4 还能保证序列的协方差平稳。Bai（2009）对待估参数 $\boldsymbol{\beta}_L$ 和 $\boldsymbol{\beta}_F$ 的识别条件提出了系数矩阵必须可逆的假设。

（2）假设 B（因子和因子载荷）：

B1：$\|\boldsymbol{\Lambda}_i\|<\lambda_{\max}<\infty$。

B2：$E\|\boldsymbol{F}_{it}\|^4<\infty$，$p^{-1}\sum_p\boldsymbol{FF}'\xrightarrow{p}\sum_{FF'}$，为了简洁，此处省略了公因子 $\boldsymbol{F}_{it}$ 的下标。

B3：$\|\boldsymbol{\Gamma}_i\|<\gamma_{\max}<\infty$，$E\|\boldsymbol{G}_t\|^4<\infty$。

矩阵 $\boldsymbol{F}$ 的 Frobenius 范数定义为 $\|\boldsymbol{F}\|=[tr(\boldsymbol{F}'\boldsymbol{F})]^{1/2}$，其中，$tr(\boldsymbol{F})$ 表示矩阵的迹。通过假设 B1～假设 B3，能够保证两个公共因子 $\boldsymbol{F}_{it}$ 和 $\boldsymbol{G}_t$ 及其对应的因子载荷各分量都具有有界性。Bai 和 Ng（2002）认为，上述因子和因子载荷假设能够保证因子模型的标准化以及每个因子分解结果能对原变量起到解释效果。

（3）假设 C（误差成分）：

C1：$E(\varepsilon_{it})=0$，$E(\varepsilon_{it}\varepsilon_{it+h})=\rho_{\varepsilon}$，$E(Y_{it}Y_{it+h})=\rho_i(h)$。

$\lim_{N\to\infty}\sup_t\sum_{N}\ ||\ \rho_i(h)\ ||\ \leqslant M<\infty$。

C2：$E(Y_{it}Y_{jt})=\tau_t(k)$。

C3：$\forall(m,\ t)$，$E[N^{-1}\sum_{i}|\ \varepsilon_{im}\varepsilon_{it}-E(\varepsilon_{im}\varepsilon_{it})\ |^4]\leqslant M<\infty$。

C4：$\lim_{N\to\infty}\sup_i\sum_{i,\ j}\ \sum_{m,\ t,\ u,\ v}\ ||\ \mathrm{cov}(\varepsilon_{im}\varepsilon_{it},\ \varepsilon_{ju}\varepsilon_{jv})\ ||\ \leqslant M<\infty$。

对误差项及其各阶矩的基本假定主要是从误差项的均值、协方差、矩条件三个方面予以考虑，有时也称作弱相关性假设。假设 C1 对误差项的均值与时间序列弱相关性给出了限定条件，其中，序列弱相关性也为后面讨论动态预测模型提供了一定的依据。假设 C2 表示可能存在的截面相关关系。假设 C3 给出了高阶矩条件，表示其高阶矩一致有界。假设 C4 则对时间序列和横截面的协方差提出了有界性的一些基本假定，该假定显然较假设 C1～假设 C3 的有界性更强一些。

对解释变量 $\boldsymbol{X}_{it}$ 和残差项 u_{it} 进行因子分解得到的特质性误差 e_{it} 和 u_{it} 必须满足因子分解式的假设。即对于每个特质性误差相互独立，均值为 0，自协方差、互协方差为 0，方差为对角矩阵等。

（4）假设 D（被解释变量和因子变量以及模型）：

D1：$\mathrm{cov}(\boldsymbol{Y}_{iw},\ \boldsymbol{G}_t)=\boldsymbol{0}$，$\mathrm{cov}(\boldsymbol{G}_t,\ \boldsymbol{F}_{it})=\boldsymbol{0}$。

D2：$E[(\boldsymbol{G}_t\boldsymbol{F}_{it})'\boldsymbol{G}_t\boldsymbol{F}_{it}]=\sum_{FG}$，$E[(\boldsymbol{Y}_{iw}\boldsymbol{F}_{it})'\boldsymbol{Y}_{iw}\boldsymbol{F}_{it}]=\sum_{YF}$，其中，$\sum_{FG}$ 和 $\sum_{YF}$ 均为分块正定矩阵。

D3：$||\ \boldsymbol{\beta}_L\ ||<\infty$，$||\ \boldsymbol{\beta}_F\ ||<\infty$。

这一组假设限定了解释变量和因子项之间的相互关系。主要是对模型参数进行估计所必须满足的一些基本条件（滞后项除外）。假设 D1 是一些相关性假设，表示回归模型（4-5）中解释变量之间不具有相关关系。变量之间的弱序列相关性和截面相关性均已经在假设 C 中给出。假设 D2 是比较强的一系列假设，通过该假设，使得模型在进行估计时其表达式可以写出。假设 D3 进一步表明参数 $\boldsymbol{\beta}_L$ 和 $\boldsymbol{\beta}_F$ 有界。

通过上述四组假设，已给出了模型（4-2）～模型（4-7）内部的一些结构特征，这使模型的估计变得可能。接下来需要考虑的是，当时期数和个体数较大时模型和统计量的估计问题。

第四节　模型估计

一、因子分解与因子个数的选择

动态混合双因子模型中需要进行两次因子分解，因此因子分解的方法和因子个数的选择非常重要。虽然现有不少文献都曾讨论到因子个数的选择和滞后阶数的选择，但所提供的方案主要是针对存在滞后因子项的因子分解式子。例如，Hallin 和 Liska（2007）根据 Forni 等（2000）提出的近似动态因子模型（即广义动态因子模型）提出了公共因子个数选择的一种信息准则，主要采用了谱密度矩阵分解方法。Harding 和 Nair（2009）利用随机矩阵理论和 Stieltjes 变换推导出基于矩的一致的估计过程确定共同冲击成分，即公因子的个数和动态模型的滞后阶数，他们称为动态得分图（Dynamic Scree Plot）方法。其中的广义动态因子模型满足如下结构：

$$\boldsymbol{R}_t = \sum_{i=0}^{q} \boldsymbol{\Lambda}_i \boldsymbol{F}_{t-i} + \varepsilon_t$$

其中，$\boldsymbol{R}_t$ 是 $N\times 1$ 向量。这与本章所提到的被解释变量产生的动态模型有所区别。

本章运用式（4-2）和式（4-6）进行两次因子分解。式（4-2）即面板数据因子分解，主要是为了处理弱相关性和个体维数较大的情况。在因子分解的过程中，公因子由多个个体的共同冲击构成。在进行因子分解时，式（4-2）和式（4-6）都采用传统的主成分法。在因子个数选择时，将分别采用两种不同的方法。对式（4-6）中的解释变量 $\boldsymbol{X}_{it}$ 进行因子分解时，其因子个数的选取采用多元分析中的非参数得分图方法，这是因为式（4-6）公因子是从很多个指标提取出来的，属于多元因子分析问题。采用得分图方法时运用方差贡献率确定的因子个数能最大限度地体现多个指标的大量信息。

注释1：由于对每一个给定的时期，对各个个体的多项指标采用因子分解，采用传统的主成分法，会导致每次选定的因子个数不一致。为了做到数据的前后对比，选取一个统一的因子个数非常重要，在此主要考虑获得方差贡献率后，选择一个合适的因子个数，从而可以充分提取原始变量的有用信息。

特质性误差 u_{it} 进行分解时因子个数的确定相对复杂一些，这是因为通过多次变化，u_{it} 体现的是一种剩余信息。我们前面没有对 u_{it} 提出过多的假设，实际上在因子分解时，u_{it} 的特征很难完全把握。Bai 和 Ng（2002）提出了因子模型的因子个数的选择策略，采用的是 Mallows（2000）信息准则的推广形式。

一种是面板数据 C_p 准则（PC_p），共有三种表现形式，第一种基本形式是：

$$PC_{p1}(k)=V(k,\ \hat{F}^k)+k\hat{\sigma}^2\left(\frac{N+T}{NT}\right)\ln\left(\frac{NT}{N+T}\right)$$

其中，$V(k,\ \hat{F}^k)=N^{-1}\sum_{i=1}^{N}\hat{\sigma}_i^2$，此处 $\hat{\sigma}_i^2=\hat{\varepsilon}'_i\hat{\varepsilon}_i/T$。该信息准则不仅考虑到了残差平和最小准则，而且对其施加了惩罚函数。其他两种基本形式选择效果和第一种基本形式比较类似。

另一种是面板信息准则（IC_p），与上面的准则对应，同样有三种形式，第一种基本形式是：

$$IC_{p1}(k)=V(k,\ \hat{F}^k)+k\left(\frac{N+T}{NT}\right)\ln\left(\frac{NT}{N+T}\right)$$

该准则的优点是不依赖于残差平方项 $\hat{\sigma}_i^2$，这导致其适用范围有所扩大，因为此时不用考虑 $\hat{\sigma}_i^2$ 的取值，使相应的判别准则具有更强的稳健性。

另外两种基本形式在此不一一列举。Bai 和 Ng（2002）推导出减少了 $\hat{\sigma}_i^2$ 项的 IC_p 准则与面板 PC_p 同样类似的选择效果。

PC_p 和 IC_p 这两种信息准则都是针对面板数据提出来的，本章中所用到的两次因子分解过程，式（4-6）类型的因子分解本质上是一种多元主成分分解，式（4-2）是面板数据误差成分项的因子分解。在以下特质性误差 u_{it} 的因子分解过程中，因子个数的选择我们将采用 PC_p 和 IC_p 准则中较小的一个。在解释变

量 X_{it} 的因子分解中因子个数的选择采用传统的方差贡献率方法或者得分图方法。

二、估计过程

动态混合因子式（4-2）~式（4-7）可以构成一个整体。在估计过程中，各步骤之间满足一定的关系。估计过程可以归纳成如下四个步骤：第一步，对解释变量 X_{it} 进行因子分解；第二步，对模型（4-7）予以估计；第三步，对残差项 u_{it} 进行因子分解；第四步，对模型（4-5）予以估计。两步估计过程和两次因子分解的具体实现手段根据实际情况而定。

第一步，对解释变量 X_{it} 的多个指标进行降维，将指标个数由 p 降到 r（$r<p$）。其中，因子个数 r 的确定采用方差贡献率方法。其结果表示为：

$$X_{kit}=\tilde{\boldsymbol{\Lambda}}'\tilde{\boldsymbol{F}}_{it}+e_{it} \tag{4-9}$$

注释 2：由于公因子 $\tilde{\boldsymbol{F}}_{it}$ 和因子载荷 $\tilde{\boldsymbol{\Lambda}}$ 均不可观测，而且解释变量 $\boldsymbol{X}_{it}$ 的信息需要在 $\tilde{\boldsymbol{F}}_{it}$ 中尽量体现，此处可以考虑在估计方程时采用因子得分而不是公因子进行回归分析。因子得分一般可采用加权最小二乘法和回归法得到。

第二步，将 $\tilde{\boldsymbol{F}}_{it}$ 以及 $\boldsymbol{Y}_{it}$ 的滞后项 Y_{iw} 代入模型（4-7），采用广义矩方法（GMM）得到模型参数的估计量 $\hat{\boldsymbol{\beta}}_L$ 和 $\hat{\boldsymbol{\beta}}_F$，进一步利用估计结果计算模型（4-7）的残差：

$$\hat{u}_{it}=Y_{it}-\hat{Y}_{it}=Y_{it}-\hat{\boldsymbol{\beta}}'_L\boldsymbol{Y}_{iw}-\hat{\boldsymbol{\beta}}'_F\boldsymbol{F}_{it}$$

第三步，继续对 u_{it} 进行因子分解，采用 PC_p 和 IC_p 准则确定公因子个数 s，分解结果可以表示为：

$$\tilde{u}_{it}=\tilde{\boldsymbol{\Gamma}}'_i\tilde{\boldsymbol{G}}_t+\varepsilon_{it} \tag{4-10}$$

第四步，将第二次因子分解所得的 $\tilde{\boldsymbol{G}}_t$ 和 $\tilde{\boldsymbol{\Gamma}}_i$ 代入模型（4-5），并对模型（4-5）予以估计，得到最终的估计参数 $\tilde{\boldsymbol{\beta}}_L$ 和 $\tilde{\boldsymbol{\beta}}_F$，以及预测方程：

$$\tilde{Y}_{it}=\tilde{\boldsymbol{\beta}}'_L\boldsymbol{Y}_{iw}+\tilde{\boldsymbol{\beta}}'_F\tilde{\boldsymbol{F}}_{it}+\tilde{\boldsymbol{\Gamma}}'_i\tilde{\boldsymbol{G}}_t \tag{4-11}$$

在对模型（4-5）进行估计时，由前面的假设 A3 和假设 A4 可推得 $\tilde{\boldsymbol{\Gamma}}'\tilde{\boldsymbol{\Gamma}}/N=\boldsymbol{I}_s$，提供了公因子和因子载荷的识别条件。同时由于式（4-10）已给出公因子

$\boldsymbol{G}_t$ 和因子载荷 $\boldsymbol{\Gamma}_i$ 的分解结果，所以在式（4-11）中 $\tilde{\boldsymbol{\Gamma}}'_i\tilde{\boldsymbol{G}}_t$ 可以进行观测，在对模型（4-5）进行估计时，主要应该考虑模型滞后项以及各个解释变量之间的相关性。对模型（4-11）的参数估计采用广义矩方法。

上述的四步估计方法包括两步因子分解和两步模型估计。通过第一步的因子分解实现多指标的降维，用代表性因子及其得分表示所有协变量及其取值；第二步因子分解主要是为了体现个体异质性和时间异质性以及不同个体和不同时间的交互效应。在两次模型估计过程中，第一步估计提取出特质性误差，便于进行交互效应的因子分解；第二步估计要求得到模型（4-5）的一致无偏估计量，这就要求必须针对具体模型选取相应的估计方法，否则会导致估计结果有偏，在此考虑采用 GMM 估计方法。

三、估计结果

模型（4-5）中包括了被解释变量（响应变量）的滞后项和公因子项，此时采用极大似然估计方法很难得到强一致收敛的结果。Arellano 和 Bond（1991）研究了含有个体随机效应项的面板数据自回归模型和包含独立严格外生变量和前定变量的 GMM 估计。Arellano 和 Bover（1995）进一步发展了含有前定变量的面板数据模型 GMM 估计中工具变量的选取及其针对外生变量个数的有效变换。由于 GMM 对模型的形式假设比较灵活，对于包含滞后项和外生变量的面板数据模型估计来说，不失为一种较好的获得一致性参数的估计方法。

面板数据动态混合双因子模型如果采用 GMM 方法进行估计，需要考虑矩条件的确立和最优工具变量的选取。不失一般性，以下仅仅讨论模型（4-5）中右端项包含被解释变量的一阶滞后项的情形。此时，模型（4-5）可以改写为：

$$Y_{it}=\rho Y_{it-1}+\boldsymbol{\beta}'_F\boldsymbol{F}_{it}+\boldsymbol{\Gamma}'_i\boldsymbol{G}_t+\varepsilon_{it} \tag{4-12}$$

由于公因子 $\boldsymbol{G}_t$ 和因子载荷 $\boldsymbol{\Gamma}_i$ 可以通过因子分解式（4-10）得到，所以在对模型（4-12）进行估计时，$\boldsymbol{G}_t$ 和因子载荷 $\boldsymbol{\Gamma}_i$ 变得可以观测，记为 $\tilde{\boldsymbol{G}}_t$ 和 $\tilde{\boldsymbol{\Gamma}}_i$，此时模型（4-12）变成如下形式：

$$Y_{it}=\rho Y_{it-1}+\boldsymbol{\beta}'_F\boldsymbol{F}_{it}+\tilde{\boldsymbol{\Gamma}}'_i\tilde{\boldsymbol{G}}_t+\varepsilon_{it} \tag{4-13}$$

由 Arellano 和 Bond（1991）以及 Hsiao（2003）等的分析结果，工具变量可以考虑选取被解释变量的滞后变量（前定变量）以及外生变量，对模型（4-

13)，所选择的工具变量既要与被解释变量具有相关性，又要与残差项正交。为此，对模型（4-13）进行一阶差分变换，我们得到

$$Y_{it}-Y_{it-1}=\rho(Y_{it-1}-Y_{it-2})+\boldsymbol{\beta}'_F(\boldsymbol{F}_{it}-\boldsymbol{F}_{it-1})+\widetilde{\boldsymbol{\Gamma}}'_i(\widetilde{\boldsymbol{G}}_t-\widetilde{\boldsymbol{G}}_{t-1})+\varepsilon_{it}-\varepsilon_{it-1}$$

其中，$\widetilde{\boldsymbol{\Gamma}}'_i(\widetilde{\boldsymbol{G}}_t-\widetilde{\boldsymbol{G}}_{t-1})$为可观测的标度常数，模型估计时可以与相应的常数项进行合并，对以上模型的估计等价于估计包含常数项的模型（如果包含误差成分的因子估计，必须用新的符号代替 $\boldsymbol{F}_{it}$，为了简洁起见，以下仍然采用原来的记号，但是假设常数项中包括了误差成分的因子分解估计结果）：

$$Y_{it}-Y_{it-1}=\rho(Y_{it-1}-Y_{it-2})+\boldsymbol{\beta}'_F(\boldsymbol{F}_{it}-\boldsymbol{F}_{it-1})+\varepsilon_{it}-\varepsilon_{it-1}$$

用差分算子 Δ 表示为：

$$\Delta Y_{it}=\rho\Delta Y_{it-1}+\boldsymbol{\beta}'_F\Delta\boldsymbol{F}_{it}+\Delta\varepsilon_{it} \tag{4-14}$$

由于 Y_{it} 的滞后项 $Y_{it-2-j}(j=0,1,2,\cdots,t-2)$满足条件 $E[Y_{it-j-2}(Y_{it-1}-Y_{it-2})]\neq 0$ 和 $E[Y_{it-j-2}(\varepsilon_{it}-\varepsilon_{it-1})]=0$，对第 i 个个体来说，一共包括 $T(T-1)/2$ 个矩条件。同时对某个给定的$(\varepsilon_{it}-\varepsilon_{it-1})$，$t=2,\cdots,T$，如果简记为 $\Delta\varepsilon_i$，那么此处下标 t 被认为已经给定，此时 r 个协变量 F_{it} 具有与 Y_{it-2-j} 类似的性质。

$$E[\boldsymbol{F}_{it}\Delta\varepsilon_i]=\boldsymbol{0},\ t=1,\cdots,T$$

因此，可以得到第 i 个个体的 $r\times T\times(T-1)$ 个矩条件。这样由前定变量和外生变量得到关于残差项的 $T(T-1)/2+r\times T\times(T-1)$ 个矩方程。记：

$$\boldsymbol{H}_{it}=(Y_{i0},\cdots,Y_{it-2},\boldsymbol{F}'_{i1},\cdots,\boldsymbol{F}'_{iT})'$$

则这 $T(T-1)/2+r\times T\times(T-1)$ 个矩方程可以写成：

$$E[\boldsymbol{H}_{it}\Delta\varepsilon_{it}]=\boldsymbol{0},\ t=2,\cdots,T$$

这些矩方程给出了残差项需满足的一些矩条件。

为了形式的简洁，省略各个变量的下标 t，得到矩阵形式的模型：

$$\Delta\boldsymbol{Y}_i=\rho\Delta\boldsymbol{Y}_{i,-1}+\boldsymbol{\beta}'_F\Delta\boldsymbol{F}_i+\Delta\varepsilon_i,\ i=1,\cdots,N \tag{4-15}$$

如果记作：

$$\boldsymbol{Z}_i=\begin{bmatrix} H_{i2} & 0 & \cdots & 0 \\ 0 & H_{i3} & \cdots & 0 \\ \vdots & \vdots & \ddots & \vdots \\ 0 & 0 & \cdots & H_{iT} \end{bmatrix}$$

那么对第 i 个个体，前面的矩方程还可以写成：

$$E[\boldsymbol{Z}_i\Delta\boldsymbol{\varepsilon}_i]=\boldsymbol{0},\ i=1,\ \cdots,\ N \tag{4-16}$$

由于式(4-16)中所包含的矩方程的个数 $T(T-1)/2+r\times T\times(T-1)$ 远远超过模型(4-15)中待估参数的个数 $r+1$，这需要额外施加某些约束。如果定义模型(4-15)的残差平方和为：

$$V(\Delta\boldsymbol{Y},\ \Delta\boldsymbol{F};\ \rho,\ \boldsymbol{\beta})=\sum_{i=1}^{N}(\Delta\boldsymbol{Y}_i-\rho\Delta\boldsymbol{Y}_{i,\ -1}-\boldsymbol{\beta}'_F\Delta\boldsymbol{F}_i)'(\Delta\boldsymbol{Y}_i-\rho\Delta\boldsymbol{Y}_{i,\ -1}-\boldsymbol{\beta}'_F\Delta\boldsymbol{F}_i) \tag{4-17}$$

要想得到未知参数的一致最优估计量，那么需要最小化目标函数式（4-17）。由于矩条件过多，导致矩方程（4-16）可能无解。为了获得有效参数估计的条件，此时需要寻找正定矩阵 A，使目标函数式（4-17）转化成如下形式：

$$\widetilde{V}(\Delta\boldsymbol{Y},\ \Delta\boldsymbol{F};\ \rho,\ \boldsymbol{\beta})=\sum_{i=1}^{N}(\Delta\boldsymbol{Y}_i-\rho\Delta Y_{i,\ -1}-\boldsymbol{\beta}'_F\Delta\boldsymbol{F}_i)'\boldsymbol{A}(\Delta\boldsymbol{Y}_i-\rho\Delta Y_{i,\ -1}-\boldsymbol{\beta}'_F\Delta\boldsymbol{F}_i) \tag{4-18}$$

通过最小化目标函数式（4-18）可以得到参数 ρ 和 $\boldsymbol{\beta}_F$ 的估计量 $\hat{\rho}$ 和 $\hat{\boldsymbol{\beta}}_F$，此时需要选择合适的正定矩阵 $\boldsymbol{A}$，使目标函数式（4-18）最小。由于 $\boldsymbol{Z}_i\Delta\boldsymbol{\varepsilon}_i$ 的协方差矩阵

$$\boldsymbol{V}_N=N^{-1}\sum_{i=1}^{N}E(\boldsymbol{Z}_i\Delta\boldsymbol{\varepsilon}_i\Delta\boldsymbol{\varepsilon}'_i\boldsymbol{Z}'_i)$$

的估计结果可以表示为：

$$\hat{\boldsymbol{V}}_N=N^{-1}\sum_{i=1}^{N}\boldsymbol{Z}_i\Delta\hat{\boldsymbol{\varepsilon}}'_i\Delta\hat{\boldsymbol{\varepsilon}}_i\boldsymbol{Z}'_i$$

由 Hansen（1982）的结果，正定矩阵 $\boldsymbol{A}$ 的最优备择 $\boldsymbol{A}_O$ 是 $\hat{\boldsymbol{V}}_N^{-1}$。由前面假设 C，误差项 $\boldsymbol{\varepsilon}_{it}$ 独立同分布，均值为零，方差为 $\boldsymbol{\sigma}_{\varepsilon}^2$，于是有：

$$\boldsymbol{A}_O=(N^{-1}\sum_{i=1}^{N}\boldsymbol{Z}_i\boldsymbol{U}\boldsymbol{Z}'_i)^{-1}$$

如果按照 Arellano 和 Bond（1991）的一步估计法，则可以考虑选取一个已知的转换矩阵。

$$U=\begin{bmatrix} 2 & -1 & 0 & \cdots & 0 \\ -1 & 2 & \ddots & \ddots & \vdots \\ 0 & \ddots & \ddots & \ddots & 0 \\ \vdots & \ddots & \ddots & 2 & -1 \\ 0 & \cdots & 0 & -1 & 2 \end{bmatrix}$$

在 DMDFM 中，采用已知变换矩阵没有考虑残差项信息的充分提取。此时可以考虑采用两步估计方法，即运用一步估计的残差 $\hat{\boldsymbol{\varepsilon}}_i^{(1)}$ 构造变换矩阵 $\boldsymbol{U}_i=\sum_{i=1}^{N}\hat{\boldsymbol{\varepsilon}}_i^{(1)}\hat{\boldsymbol{\varepsilon}}_i^{(1)\prime}$。这样极小化目标函数式（4－18）就得到类似于 Arellano 和 Bond（1991）的 ρ 和 $\boldsymbol{\beta}_F$ 的估计量

$$(\hat{\rho},\ \hat{\boldsymbol{\beta}}_F)=((\Delta\boldsymbol{Y}_{-1},\ \Delta\boldsymbol{F})'\boldsymbol{Z}'\boldsymbol{A}_0\boldsymbol{Z}(\Delta\boldsymbol{Y}_{-1},\ \Delta\boldsymbol{F}))^{-1}(\Delta\boldsymbol{Y}_{-1},\ \Delta\boldsymbol{F})'\boldsymbol{Z}'\boldsymbol{A}_0\boldsymbol{Z}\Delta\boldsymbol{Y} \tag{4-19}$$

其中，$\Delta\boldsymbol{Y}_{-1}$ 和 $\Delta\boldsymbol{F}$ 分别表示 $N(T-1)$ 向量和 $N(T-1)\times r$ 矩阵，表示前定变量和外生变量。这两种类型的变量作为解释变量可以分开进行估计也可以予以同时估计。$\boldsymbol{A}_0$ 和 $\boldsymbol{Z}$ 的含义如前，分别表示优化选择的变换矩阵和权重矩阵，$\boldsymbol{Z}$ 表示由工具变量组成的块对角矩阵。

四、理论性质及其证明

由于 GMM 估计须由样本矩条件来求解总体矩方程，对于过度识别问题，采用权重矩阵或变换矩阵 A 转换成恰好识别问题。在最优权重矩阵和工具变量矩阵已经选定的情况下，通过 GMM 估计所得到的估计量满足一致性和渐近正态性。通过极小化目标函数（4－18），得到参数估计式（4－19）的样本估计量为：

$$\begin{aligned}(\hat{\rho},\ \hat{\boldsymbol{\beta}}_F)=&\left\{\left[\sum_i(\Delta\boldsymbol{Y}_{i,\ -1},\ \Delta\boldsymbol{F}_i)'\boldsymbol{Z}'_i\right]\left[\sum_i\boldsymbol{Z}_i\boldsymbol{A}_0\boldsymbol{Z}'_i\right]^{-1}\right.\\&\left.\left[\sum_i\boldsymbol{Z}_i(\Delta\boldsymbol{Y}_{i,\ -1},\ \Delta\boldsymbol{F}_i)\right]\right\}^{-1}\times\left[\sum_i(\Delta\boldsymbol{Y}_{i,\ -1},\ \Delta\boldsymbol{F}_i)'\boldsymbol{Z}'_i\right]\\&\left[\sum_i\boldsymbol{Z}_i\boldsymbol{A}_0\boldsymbol{Z}'_i\right]^{-1}\left[\sum_i\boldsymbol{Z}_i\Delta\boldsymbol{Y}_i\right]\end{aligned}\tag{4-20}$$

模型（4－5）右端项包含被解释变量 Y_{it} 的高阶滞后项的情形，同样可以采用 GMM 估计得到回归参数的一致有效估计。在满足前面提出的基本假定的条件

下，我们可以得到如下更一般的结论。

定理 4.1　（一致性）假设条件 A-D 满足，采用 GMM 估计出模型（4-5）滞后项参数 $\boldsymbol{\beta}_L$ 和公因子项参数 $\boldsymbol{\beta}_F$ 的估计结果分别是 $\widetilde{\boldsymbol{\beta}}_L$ 和 $\widetilde{\boldsymbol{\beta}}_F$。在给定解释变量指标个数 p 的情况下，当 T 固定、$N\to\infty$ 时，有以下结论成立：

（1）$\widetilde{\boldsymbol{\beta}}_L-\boldsymbol{\beta}_L\to\mathbf{0}$，$\widetilde{\boldsymbol{\beta}}_F-\boldsymbol{\beta}_F\to\mathbf{0}$；

（2）$\widetilde{\boldsymbol{\beta}}_L'\boldsymbol{Y}_{iw}+\widetilde{\boldsymbol{\beta}}_F'\widetilde{\boldsymbol{F}}_{it}+\widetilde{\boldsymbol{\Gamma}}_i'\widetilde{\boldsymbol{G}}_t-(\boldsymbol{\beta}_L'\boldsymbol{Y}_{iw}+\boldsymbol{\beta}_F'\boldsymbol{F}_{it}+\boldsymbol{\Gamma}_i'\boldsymbol{G}_t)\to\mathbf{0}$。

定理 4.1 的证明见附录一。

定理 4.1 的结论（1）表明了随着样本容量的增加，前定变量和外生解释变量的系数估计值依概率 1 收敛于真实参数。结论（2）则表明了模型整体估计的一致性，具体结果见附录一的证明。其中，参数估计量的表达式可以由式（4-19）或式（4-20）类推得到，表明此时参数的估计结果具有一致性，从而可以对估计模型进行检验并可以利用估计结果进行外推预测。

设随机误差项 ε_{it} 独立同分布，且服从均值为 0，方差为 σ_ε^2 的正态分布。由 GMM 估计所选定的最优转换矩阵 $\boldsymbol{A}_O$ 和权重矩阵 $\boldsymbol{Z}$，此时

$$avar(\hat{\rho},\ \hat{\boldsymbol{\beta}}_F)=\sigma_\varepsilon^2\left\{\left[\sum_i(\Delta\boldsymbol{Y}_{i,\ -1},\ \Delta\boldsymbol{F}_i)'\boldsymbol{Z}'_i\right]\left[\sum_i\boldsymbol{Z}_i\boldsymbol{A}_O\boldsymbol{Z}'_i\right]^{-1}\left[\sum_i\boldsymbol{Z}_i(\Delta\boldsymbol{Y}_{i,\ -1},\ \Delta\boldsymbol{F}_i)\right]\right\}^{-1} \tag{4-21}$$

为估计量的渐近方差。

如果将目标函数式（4-18）推广为：

$$\boldsymbol{O}_N=N^{-1}\sum_{i=1}^{N}(\Delta\boldsymbol{Y}_i-\boldsymbol{\beta}'_L\Delta\boldsymbol{Y}_{i,\ -1}-\boldsymbol{\beta}'_F\Delta\boldsymbol{F}_i)'\boldsymbol{A}(\Delta\boldsymbol{Y}_i-\boldsymbol{\beta}'_L\Delta\boldsymbol{Y}_{i,\ -1}-\boldsymbol{\beta}'_F\Delta\boldsymbol{F}_i) \tag{4-22}$$

对目标函数 $\boldsymbol{O}_N$ 的两组待估参数 $\boldsymbol{\beta}_L$ 和 $\boldsymbol{\beta}_F$ 分别求一阶偏导数：

$$\boldsymbol{R}_L=\frac{\partial\boldsymbol{O}_N}{\partial\boldsymbol{\beta}_L}\text{和 }\boldsymbol{R}_F=\frac{\partial\boldsymbol{O}_N}{\partial\boldsymbol{\beta}_F}$$

且记 $\boldsymbol{R}(\boldsymbol{\beta}_L,\ \boldsymbol{\beta}_F)=(\boldsymbol{\beta}'_L,\ \boldsymbol{\beta}'_F)'$ 为所有待估参数的一阶偏导数，由于通过求解目标函数式(4-18)的极小值可以得到统计量式(4-20)，并且其一致收敛于

式(4-19)。进一步考虑随机矩阵 $\boldsymbol{R}$ 依概率 1 一致收敛于矩阵 $\boldsymbol{R}_1$($\boldsymbol{R}\xrightarrow[a.s.]{p}\boldsymbol{R}_1$)，此时记：

$$\sum_1=(\boldsymbol{R}'_1\boldsymbol{A}_0\boldsymbol{R}_1)^{-1}\boldsymbol{R}'_1\boldsymbol{A}_0\boldsymbol{D}_1\boldsymbol{A}_0\boldsymbol{R}_1(\boldsymbol{R}'_1\boldsymbol{A}_0\boldsymbol{R}_1)^{-1}$$

其中，$\boldsymbol{D}_1$ 为 $N\to\infty$ 时 $\sqrt{N}\boldsymbol{O}_N$ 的渐近方差。

$$\sqrt{N}\boldsymbol{O}_N\xrightarrow{d}N(\mathbf{0},\ \boldsymbol{D}_1)\tag{4-23}$$

并且假设 $\sqrt{N}\boldsymbol{O}_N$ 依分布收敛于均值为 $\mathbf{0}$ 的正态分布。

在以上的分析中都是基于短面板($T<N$)，进一步地，如果同时考虑时间维度 T 和个体 N 同时趋于无穷情形，$\boldsymbol{R}\xrightarrow[a.s.]{p}\boldsymbol{R}_2$，且令：

$$\boldsymbol{O}_N=(NT)^{-1}\sum_{i=1}^{N}(\Delta\boldsymbol{Y}_i-\boldsymbol{\beta}'_L\Delta\boldsymbol{Y}_{i,\ -1}-\boldsymbol{\beta}'_F\Delta\boldsymbol{F}_i)'\boldsymbol{A}(\Delta\boldsymbol{Y}_i-\boldsymbol{\beta}'_L\Delta\boldsymbol{Y}_{i,\ -1}-\boldsymbol{\beta}'_F\Delta\boldsymbol{F}_i)$$

其余记号不变，此时记：

$$\sum_2=(\boldsymbol{R}'_2\boldsymbol{A}_0\boldsymbol{R}_2)^{-1}\boldsymbol{R}'_2\boldsymbol{A}_0\boldsymbol{D}_2\boldsymbol{A}_0\boldsymbol{R}_2(\boldsymbol{R}'_2\boldsymbol{A}_0\boldsymbol{R}_2)^{-1}$$

当 N、$T\to\infty$ 时，假设：

$$\sqrt{NT}\boldsymbol{O}_N\xrightarrow{d}N(\mathbf{0},\ \boldsymbol{D}_2)\tag{4-24}$$

在给定一些相关假设的情况下，当时期长度 $T\to\infty$ 时，由 GMM 估计所得到的动态双因子模型的回归估计量满足渐近正态性。具体结论见定理 4.2。

定理 4.2　(CLT) 给定某些正定矩阵 $\sum_1$、$\sum_2$，在假设 A-D 下：

(1) 如果存在被解释变量的序列相关和解释变量的横截面相关，$N\to\infty$，T 为固定值，此时 $T/N\to0$（短面板），有：

$$\sqrt{N}\left[(\hat{\boldsymbol{\beta}}_L,\ \hat{\boldsymbol{\beta}}_F)-(\boldsymbol{\beta}_L,\ \boldsymbol{\beta}_F)\right]\xrightarrow{d}N\left(\mathbf{0},\ \sum_1\right)$$

(2) 如果存在被解释变量的序列相关和不存在解释变量的横截面相关，N、$T\to\infty$ 且 $T/N\to$固定值（长面板），有：

$$\sqrt{NT}\left[(\hat{\boldsymbol{\beta}}_L,\ \hat{\boldsymbol{\beta}}_F)-(\boldsymbol{\beta}_L,\ \boldsymbol{\beta}_F)\right]\xrightarrow{d}N\left(\mathbf{0},\ \sum_2\right)$$

定理 4.2 的证明见附录二。

定理 4.2 的两个结论分别为短面板($T \ll N$)和长面板(T 与 N 比较接近)样本估计量的渐近正态性。$\sum_1$ 和 $\sum_2$ 的取值与 $\sqrt{N}\boldsymbol{O}_N$ 的渐近方差 $\boldsymbol{D}_1$ 和 $\boldsymbol{D}_2$ 关系密切。考虑到权重矩阵 $\boldsymbol{A}$ 的最优选择为 $\boldsymbol{A}_O$，而计算 $\boldsymbol{D}_1$ 和 $\boldsymbol{D}_2$ 时需用某个随机矩阵来替换矩阵 $\boldsymbol{A}$，所以此时随机误差项 ε_{it} 的方差对 $\boldsymbol{D}_1$ 和 $\boldsymbol{D}_2$ 影响较大。但由假设

$$E(\varepsilon_{it}\varepsilon_{it+h}) = 0$$

并且有 $Var(\varepsilon_{it}) = \sigma_\varepsilon^2$。因此，扰动项的方差对估计量渐近方差的影响由模型估计方法决定，由于模型工具变量和权重矩阵的选取也会影响渐近方差，而

$$E[\Delta\boldsymbol{\varepsilon}_i \mid \boldsymbol{Z}_i] = \boldsymbol{0},\ i=1,\ \cdots,\ N$$

这样误差项和工具变量的交互效应可以不予考虑，但较 $E[\Delta\boldsymbol{\varepsilon}_i\boldsymbol{Z}_i]=0$，该结论显然更强一些。

显然，选择不同的工具变量 $\boldsymbol{Z}$ 也会对 $\sqrt{N}\boldsymbol{O}_N$ 的渐近方差产生影响，进一步还影响 $\sum_1$ 和 $\sum_2$。这样工具变量个数的选择会对估计结果产生影响，对于 GMM 估计而言，合适的工具变量主要来自高阶滞后项和外生变量，因此，滞后项的阶数非常重要。同时，如果每个待估参数所对应的估计量均具有渐近性，由 Slutsky’s 引理，这些估计量之和的渐近性质也可以得到。

第五节 数值模拟

动态混合双因子模型（DMDFM）充分考虑到了时间序列相关性和横截面相关性。在进行模拟时，为了体现这种双向相关性，误差项的公共因子允许存在滞后效应，解释变量所生成的公因子不仅应体现序列相关性还应体现个体相关性。因子载荷主要体现个体相关。对于包含大量解释变量的高维指标情形，对解释变量降维主要采用少数几个公因子来提取解释变量的信息，也就是把多个解释变量信息体现在少数几个公因子中。因此，在进行模拟时，这一组公因子不仅需要考虑解释变量之间的相关关系，还要考虑解释变量本身是否拥有滞后效应。考虑如下一般的数据生成过程：

$$y_{it}=\alpha_1+\beta_{l1}y_{it-1}+\beta_{f1}f_{1it}+\beta_{f2}f_{2it}+\gamma_{i1}g_{1t}+\gamma_{i2}g_{2t}+\varepsilon_{it} \quad (4-25)$$

与模型（4-5）相比，式（4-25）的数据生成过程（DGP）中添加了一些限制条件以反映现实问题。该 DGP 主要包括五个部分：截距项、被解释变量的一阶滞后项、解释变量的公共因子、误差成分的公因子和因子载荷以及异质性误差。作为代表，在每组因子中各选取了两个公因子。

截距项由正态分布过程生成：

$\alpha_1 \sim i.i.d.\ N(1,\ 2)$

为了体现序列相关性，模型（4-5）误差项的生成过程设定为一个 AR（1）过程：

$\varepsilon_{it}=\rho_\varepsilon \varepsilon_{i,t-1}+\eta_{it}$

$\rho_\varepsilon \sim i.i.d.\ U(0.05,\ 0.95)$

$\eta_{it} \sim i.i.d.\ N(0,\ 1)$

$\varepsilon_{i,0}=0$

这部分误差实际上表示经过因子分解后得到的特质性误差。由前面式（4-2）的因子分解过程，误差成分的另外一部分体现在误差项的公共因子和因子载荷中。在此假设误差成分公因子中保留了滞后因子，具体表现为一个与特质性误差不同的 AR（1）过程，一阶自相关系数仍然由均匀分布生成，两个误差成分的具体生成过程表示为：

$g_{jt}=\rho_{jt}g_{j,t-1}+u_{jt}(j=1,\ 2)$

$\rho_{jt} \sim i.i.d.\ U(0.05,\ 0.95)$，$g_{j,0}=0$

$u_{jt} \sim i.i.d.\ N(0,\ 1)$

误差成分的因子载荷采用均匀分布生成，该部分也可以从正态分布中生成。

$\gamma_{ki1} \sim i.i.d.\ U(0.05,\ 0.95)$

$\gamma_{ki2} \sim i.i.d.\ U(0.05,\ 0.95)$

解释变量所提取的公因子既要反映个体之间的相关性，又要反映时间以及解释变量之间可能具有的相关关系。不同个体的每一个公因子必须保留所有解释变量中的部分信息，另外还包括每个公因子与个体有关的特定成分。这样每个公因子的数据生成过程由四部分组成：水平项、误差因子项、个体相关成分、误差成分。具体表现形式为：

$f_{kit}=a_{ki1}h_{k1t}+\gamma_{ki1}g_{1t}+\gamma_{ki2}g_{2t}+\zeta_{k1t}q_{i1}+\omega_{kit}$　　　（k=1，2）

其水平项由每个个体随机系数与一个 AR（1）过程的乘积组成。这里 AR（1）过程的一阶自相关项系数和初始值已经给出，其余值由 AR（1）过程自动生成。两个解释变量公因子的生成过程为：

$a_{ki1}\sim i.i.d.\ U(0.05,\ 0.95)$

$h_{k1t}=\rho_{kh}h_{k,1,t-1}+\tau_{kh}$

$\rho_{1h}=0.4,\ h_{1,1,0}=0.2,\ \rho_{2h}=0.5,\ h_{2,1,0}=0.3$

$\tau_{kh}\sim i.i.d.\ N(0,\ 1)$

公因子项的随机误差由给定的正态随机过程生成：

$\omega_{kit}\sim i.i.d.\ N(0,\ 0.25)$

个体相关成分项由空间自回归 SAR（1）过程生成，具体生成过程可以表示为：

$q_{i1}=\rho_q q_{i-1,1}+v_q$

$\rho_q\sim i.i.d.\ U(0.05,\ 0.95),\ q_{0,1}=0.1$

$v_q\sim i.i.d.\ N(0,\ 1)$

个体相关成分项系数由均匀分布随机生成：

$\zeta_{11t}\sim i.i.d.\ U(0.05,\ 0.95)$

$\zeta_{21t}\sim i.i.d.\ U(0.05,\ 0.95)$

为了在解释变量公因子中表达被提取的信息，在解释变量公因子中保留误差成分的公因子，其系数也由均匀分布生成：$\gamma_{i1},\ \gamma_{i2}\sim i.i.d.\ U(0.05,\ 0.95)$。

运用该方法进行模拟，首先必须给定被解释变量 y_{it} 的一个初始值：$y_{i0}=0$，以及 $\beta_{l1}=0.6$，$\beta_{f1}=0.8$，$\beta_{f2}=1$。为了使前后数据具有对比性，前 15 个数据被丢弃，这样后面生成的数据受初始值的影响较小，模拟结果更具有一般性。每一组数据重复模拟 2000 次，为了体现个体的高维特征，个体数和时期长度分别设定为 10 组模型：（N，T）=（20，5）、（50，5）、（50，10）、（100，5）、（100，10）、（100，20）、（200，5）、（200，10）、（200，20）、（200，50）。对模拟数据进行回归估计所得到的参数 β_{l1}、β_{f1}、β_{f2} 的估计量，进一步计算估计值的平均偏差（Bias）和均方根误差（RMSE），从而可以对模型的估计效果进行分析。10 组模型的具体估计结果见表 4-1。

表 4-1 模拟回归系数的平均偏差 Bias 和均方根误差 RMSE

模型	Bias			RMSE		
	β_{l1}	β_{f1}	β_{f2}	β_{l1}	β_{f1}	β_{f2}
(20, 5)	-0.0981	-0.0333	-0.0319	0.0123	0.0131	0.0130
(50, 5)	0.0013	0.0216	0.0016	0.0096	0.0101	0.0103
(50, 10)	0.0361	0.0042	0.0227	0.0037	0.0065	0.0064
(100, 5)	0.0129	0.0218	0.0187	0.0094	0.0090	0.0091
(100, 10)	0.0470	0.0075	0.0189	0.0036	0.0060	0.0058
(100, 20)	0.0771	0.0061	0.0182	0.0018	0.0045	0.0041
(200, 5)	0.0301	0.0218	0.0259	0.0099	0.0080	0.0088
(200, 10)	0.0571	0.0082	0.0173	0.0036	0.0059	0.0056
(200, 20)	0.0815	0.0081	0.0253	0.0018	0.0043	0.0042
(200, 50)	0.0803	0.0119	0.0229	0.0018	0.0044	0.0042

从表 4-1 的结果可知，在给定 N 和 T 的情况下，动态混合双因子模型被解释变量的一阶滞后项和解释变量因子项的系数估计值具有较小的偏差和均方根误差，说明采用 GMM 估计能够取得一致和有效的参数估计。如果继续考虑相对偏差大小，观测到此时相应的解释变量和被解释变量的取值范围介于（-20，20）之间，规模基本一致，所以表 4-1 中的偏差大小相对较小，估计结果与总体参数值具有一致性。这进一步验证了前面所提及的 DMDFM 模型 GMM 估计的大样本性质。

模拟结果表明，随着个体数的增加，无论是偏差还是均方根误差都没有产生明显的变化。个体数从 20 增加到 200，时期数从 5 增加到 50，偏差大小没有随着个体容量的增加而减少，说明估计结果同时具有较好的有限样本性质。在一开始的假设中，我们认为时期数相对个体数较小，也就是考察短面板的特征。由 Monte Carlo 模拟结果可知，对于时期数较大的情形，如果对动态混合双因子模型采用合适的方法进行估计，随着时期数的增加，估计量偏差有缩小的趋势。在模拟中，时期数和个体数至少相差 4 倍以上，如果进一步加大时间序列的长度，缩小时期数与个体数的差距，估计量偏差会得到进一步缩小，使估计结果具有更快的一致收敛速度。

均方根误差（RMSE）包含了样本偏差和方差的信息，表 4-1 的结论中偏差和 RMSE 都较小。由于 MSE 等于偏差的平方与方差之和，所以估计结果的方差比较小，说明该估计方法不仅能得到一致估计量，还能得到较有效的方差。这进一步验证了估计结果的一致有效性。

动态混合双因子模型不仅能够降维和合理体现面板数据内部结构特征，还可以运用模型估计结果对被解释变量进行预测。为了检验该模型的预测效果，我们继续采用以上的数据生成过程，生成一组训练集和测试集。为了增强图形的观测性，对向前 20 期的面板数据进行逐期一步预测。具体方法是模拟生成解释变量的各期取值以及被解释变量滞后一期之后的取值，运用以上的两步估计方法，采用模型（4-5）对解释变量向前一步进行预测。并将预测值与真实值进行对比。图 4-1 是所有 100 个个体的各期平均预测值和真实值的对比，图 4-2 是从 100 个个体中间随机选取的 6 个个体的预测值与真实值的比较。

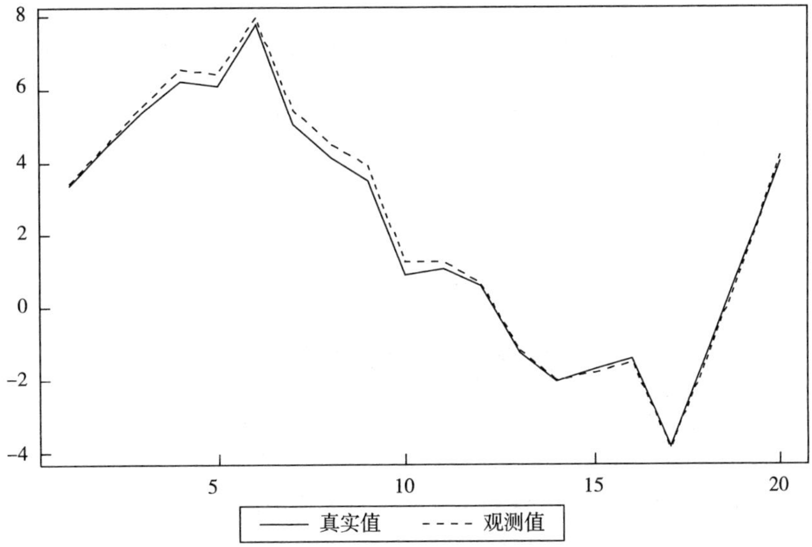

图 4-1　100 个个体 20 个时期的平均预测值和真实值的比较

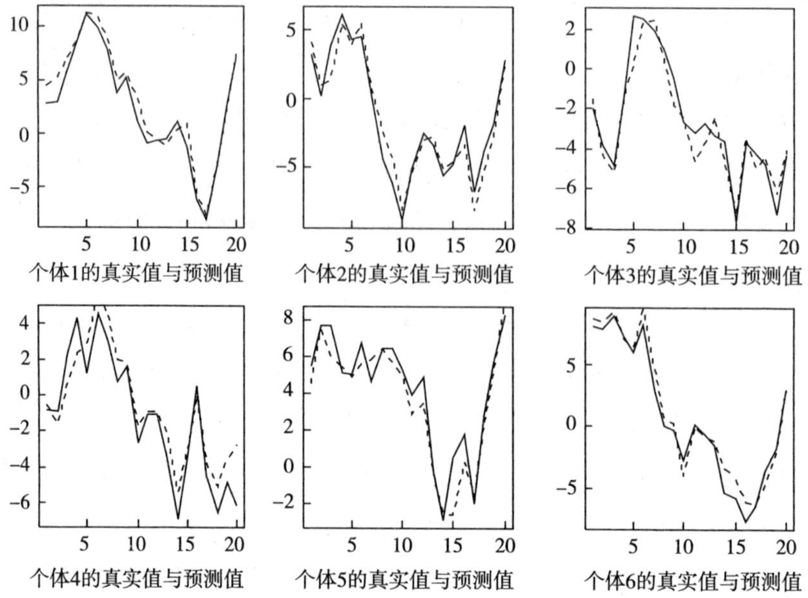

图 4-2　6 个个体 20 个时期的预测值和真实值的比较

从图 4-1 和图 4-2 可以看出，无论是个体平均还是各个个体的预测效果都比较好。一步预测所得出的预测值无论是趋势还是拟合程度都表现出良好效果。这反映出所采用的模型及其估计已经较好地体现了原来的数据生成过程，从而产生了较好的预测效果。如果进一步考虑平均相对误差绝对值（MAPE）等预测精度指标，可以得出与之类似的结论。

第六节　本章小结

本章提出了一种既考虑解释变量又考虑误差成分的面板数据双因子模型，由于两个部分的因子分解方法和分析目的不同，因此称为混合双因子模型。与一般动态因子模型不同的是，动态混合双因子模型的动态主要来自对被解释变量滞后项的研究。从理论上来讲，如果面板数据存在序列一阶自相关和个体或时间的异质性成分（固定效应或随机效应），被解释变量 Y_{it} 的滞后项 Y_{it-1} 的真实值由两部分信息的预期决定：一部分为解释变量 $\boldsymbol{X}_{it}$ 的滞后信息集 I_{t-1}；另一部分信息由 $\boldsymbol{X}_{it}$ 给出，即 $E(Y_{it}) = E(Y_{it} \mid I_{t-1}, \boldsymbol{X}_{it}) = E(Y_{it} \mid Y_{it-1}, \boldsymbol{X}_{it})$。这样采用解释变量的滞后效应构建动态面板模型与采用公因子的滞后项建立的模型有异曲同工之妙。

由于动态面板数据模型中右端项包含被解释变量的滞后项，因此残差项与解释变量相互独立的假设不成立，采用 OLS 或 MLE 估计得不到一致有效的估计量，一般采用广义矩估计方法（GMM）。在本章所提出的模型的估计中，我们采用了一种迭代 GMM 估计方法：首先，通过 GMM 估计得出模型的误差成分，进一步对所估计的误差成分进行因子分解；其次，将已估计的因子误差成分看作是模型的截距项；最后，采用 GMM 估计得出模型的参数估计值。相关的理论证明和模拟结果表明采用两步 GMM 估计 DMDFM 能够得到模型的一致估计量。由此得出的估计模型具有较好的解释能力和预测效果。

由于采用了对指标个数进行降维的办法，使大量解释变量可以用少数几个公因子表示，这样提高了模型的适用范围。然而在实际应用中，每个解释变量都有其自身的含义。怎样对解释变量公因子作出合理的解释是下一步需要考虑的问题。本章的研究仅限于对大量指标进行降维，没有针对这些指标的解释程度做出变量选择，这也限定了该模型的使用。面板数据内部除了存在序列相关性和截面相关性之外，还可能存在其他的结构特征，这些与个体相关的结构变化在空间面板中尤其常见。例如，结构转变、异方差和方差膨胀等特征，这也是动态混合双因子模型所不能解决的。对面板数据内部的其他结构特征进行研究是下一步需要考虑的问题。

本章对估计量的研究主要从期望的角度，对估计量的方差研究没有展开。对动态因子模型的其他研究还应包括估计过程中的一致渐近方差估计、估计量的渐近有效性研究。利用 GMM 方法所得到的估计量的拟合效果检验等，这些都需要逐步完善。除了理论方面的深入研究之外，还应该进行实证分析。由于该模型的实用性，无论是在宏观经济领域还是在微观经济领域，这种高维面板数据都经常出现，怎样结合具体应用背景开展实证分析还需进一步讨论。

第五章　高维离散面板数据动态因子模型

第一节　引言

根据离散变量所处的位置，离散面板数据模型可以划分为离散因变量面板数据模型和离散自变量面板数据模型。在解释变量中引入虚拟变量即为一种最常见的离散自变量数据模型，由于离散自变量模型处理起来相对较容易，经常被认为是连续变量的离散化形式。在离散因变量面板数据模型分析中，经常需要明确因变量的分布类型或者需要研究离散数据连续化的方法，所以处理起来更加棘手。离散因变量或者分类数据因变量模型属于受限因变量（Limited Dependent Variable）模型。Maddala（1987）讨论的面板受限因变量模型仅仅限于面板 Logit 模型、Probit 和 Tobit 模型。Hsiao 等（1999）的面板数据模型已经推广到了删失数据、自选择等。Hsiao（2003）将离散数据和删失、截断数据分开进行讨论。Baltagi（2008）将所有因变量取值为离散数据的面板数据模型都称为受限因变量模型。本章所指的离散面板数据包括因变量为二元数据、分类数据、定性数据等情形。重点研究因变量取值为 0 和 1 的情形。其中的 1 和 0 可以表示成功和失败、购买和不购买、男性和女性、上涨和下跌、就业和失业等。当因变量取值为离散数据时，根据这类数据构建的模型称为离散面板数据模型（DPM）。

前面已经提到，面板数据模型引入公因子和因子载荷的目的有很多。离散面板数据模型中采用因子分解方法的目的，与其他模型有相似点，也有许多不同之处。相同之处在于能够有效降低模型估计参数的维度和反映潜在的共同冲击的影响；不同之处在于离散面板数据模型因变量取值范围有限，尤其是二元选择模型。此时如果将因变量观测结果中的每一个值作为一类，需要探索每一类别的内部关系和类与类之间的外部关系。因子模型的特点决定了其既可以反映群组内部的相关性，也可以反映各组之间的独立性。这恰好能正确刻画离散因变量数据模型中分类数据的特点。在大多数面板模型研究中，所谓的个体往往是指能够划归为一类的某组对象。例如，研究中国问题的省际面板数据，很难将各省之间完全分割开来，也就不满足个体之间独立性假设。采用因子面板数据模型，能够有效地刻画面板数据模型的这种个体相关性特点。

在经济分析中，有时需要对大量个体进行长时间重复观测，当个体数较多时，面板数据模型产生大量与个体相关的参数需要估计，尤其是在个体变系数模型中，每个个体对应于每个解释变量的系数都不相同。如果首先对其中某些解释变量进行因子分解，提取若干公因子，然后将公因子代入原来模型中进行估计，进一步予以分析。这样做既能处理由个体数较多产生的高维参数估计问题，又可以体现面板数据可能存在的个体之间的相关性。因子模型经历了经典因子模型、动态因子模型、广义动态因子模型和高维因子模型四个阶段。为了进一步增强因子模型的预报能力，Stock 和 Watson（2002）提出了一种多元时间序列数据的预测模型。该模型所讨论问题仅限于多元时间序列数据，并且因变量取值为连续观测结果。我们可以进一步将该模型推广到高维离散面板数据建模中，建立离散面板数据动态因子模型（DPDFM）。

考虑对 N 个个体重复观测 T 时期，假设 N 和 T 的取值都较大，但是不确定两者的大小关系。X_{it} 为第 i 个个体在 t 时期（点）的观测值。首先，考虑 X_{it} 取值为标量，如果 X_{it} 为向量且维数不高，那么需要对每一个 X_{it} 进行因子分解；其次，Y_{it} 同样是标量，其取值范围为给定的离散值集合 N_0。Y_{it+h} 为 Y_{it} 在 $t+h$ 时期的预测值，h 表示预测水平，即预测的时间跨度，$h=1$，2，…。$\boldsymbol{X}_t=(X_{1t},\cdots,X_{Nt})'$为列向量，对向量 $\boldsymbol{X}_t$ 进行因子分解，并将其结果代入预测方程，得到 DPDFM 的一般形式：

$$X_{it}=\boldsymbol{\Lambda}'_i\boldsymbol{F}_t+e_{it} \tag{5-1}$$

和

$$Y^*_{it+h}=\alpha_i+\sum_{k=1}^{r}\beta_k F_{rt}+\upsilon_{it+h} \tag{5-2}$$

其中，$\boldsymbol{\Lambda}_i=(\lambda_{1i},\ \cdots,\ \lambda_{ri})'$，$\boldsymbol{F}_t=(f_{1t},\ \cdots,\ f_{rt})'$，都为 $r\times1$ 向量；分别表示因子载荷和公因子，r 表示公因子个数。Y^*_{it+h} 为 Y_{it+h} 的线性或非线性变换。e_{it} 表示特质性误差。υ_{it+h} 表示预测扰动误差。此处仅仅考虑存在个体随机效应。以上式（5-1）为因子方程，式（5-2）为预测方程。

离散面板数据模型包括 Linear-probability、Probit、Logit 等基本形式。详细的介绍可以见 Heckman（1981）以及 Hsiao（2003）。近年来，离散面板数据模型形式上的改变较少，但相关的应用却在不断涌现，应用范围包括劳动力就业、企业兼并和重组、消费倾向选择、医疗保险支出等诸多领域。Greene（2012，7ed.）增加了大量篇幅对离散和受限因变量模型的形式和应用进行了介绍。虽然很难将离散面板数据模型和受限因变量面板数据模型从形式上完全分割开来，但对离散面板数据模型的基本形式设定仍然主要是围绕随机效应和固定效应、个体效应和时间效应、动态和静态、单一（One-way）误差成分和双重（Two-way）误差成分等面板数据模型的经典分析。

采用（非）线性变换将离散数据连续化以后，需要进一步对模型进行估计。运用 MLE 进行估计需要与 Newton-Raphson 等迭代方法相结合，这无疑会增加计算负担。Amemiya（1980）提出，采用最小χ^2 估计量（MCSE）代替 MLE 能得到更小的均方误差。参数方法有可能得不到有效估计量，Manski（1987）建议采用符号得分函数构造极大得分估计量，这些（非）半参数方法能够得到静态离散面板数据模型的一致估计量。Heckman（1981）运用 Monte Carlo 模拟方法对动态离散面板数据模型进行估计，其中，动态性是指解释变量包括因变量的滞后项，这是一种偏差修正估计量。Hahn 和 Newey（2004）在研究时期较长的面板数据时提出两种减少非线性模型固定效应估计效应偏差的方法。Greene（2012）讨论了包括贝叶斯估计在内的离散面板数据模型的其他估计方法。

在纵向数据（Longitudinal Data）分析中，离散面板数据模型又被称为纵向数据广义线性模型（GLM）。McCullagh 和 Nelder（2019）、Dobson 和 Barnett

（2018，4ed.）介绍了广义线性模型的基本形式和估计方法。Ziegler（2012）讨论了基于 MLE、QMLE（拟极大似然）、PMLE（伪极大似然）、GEE（广义估计方程），以及 GMM（广义矩方法）等一系列广义线性模型的估计方法。将因子模型运用于离散面板数据分析中，在现有文献中出现较少，这与将因子模型运用于面板数据分析还不够普遍有关。Arminger（1999）运用动态因子模型研究数学成绩和学习倾向的秩序分类数据，采用基于条件多分格（Polychoric）相关系数对相应模型进行估计。除此以外，虽然因子面板数据模型的研究逐渐兴起，但关于离散面板数据的动态因子模型的估计方法缺乏足够的讨论。

本章虽然侧重于讨论二分类数据（Dichotomous Data），但其中的模型估计方法可以稍加修改以后运用于其他受限因变量面板数据模型的分析中。具体的安排如下：第二节讨论离散面板数据模型形式的设定，包括基本形式和扩展形式；第三节研究基于广义估计方程的离散面板数据估计方法，给出估计过程和工作相关矩阵的选定，估计结果的一致性和有效性结论；第四节是数值模拟，运用人造数据研究估计量的拟合效果和预测结果；第五节结合中国股票市场进行分析，研究非交易日对股票价格走势的影响；第六节包括结论和进一步研究展望。

第二节　离散面板数据动态因子模型设定

一、模型的基本形式

模型（5-1）和模型（5-2）给出了离散面板数据模型的基本形式。存在个体效应的解释变量采用因子分解的方法体现共同变动趋势并且减少待估参数的个数。在面板数据模型中，如果某些变量在模型中不存在明显的个体效应，此部分可以设定为固定系数模型，这些变量不必要进行因子化，设 $\boldsymbol{Z}_{it}$ 为 p 维列向量。在式（5-2）中引入解释变量 $\boldsymbol{Z}_{it}$ 有：

$$g(Y_{it+h}) = \sum_{k=1}^{r} \beta_k F_{kt} + \sum_{j=r+1}^{r+p} \beta_j Z_{jit} + u_{it+h} \tag{5-3}$$

其中，$u_{it+h}=\alpha_i+v_{it+h}$。此外，$g(\cdot)$为连续可微链接函数，并且有 $g'(\cdot)>0$，即 $g(\cdot)$为典型(canonical)链接函数，$g'(\cdot)$为 $g(\cdot)$的一阶导数。本章主要采用以下两种最常用的典型链接函数[Hsiao(2003)]：

（1）二元数据的 Logisitic 回归模型：

$$g(Y)=\frac{\exp(Y)}{1+\exp(Y)} \tag{5-4}$$

（2）二元数据的 Probit 回归模型：

$$g(Y) = \int_{-\infty}^{Y} \frac{1}{\sqrt{2\pi}}\exp\left(-\left(\frac{u^2}{2}\right)\right) du = \Phi(Y) \tag{5-5}$$

Φ（Y）为标准正态分布函数。将式（5-3）写成比较简洁的矩阵形式，同时注意到时间下标之间的区别故暂时保留，有：

$$g(Y_{it+h})=\boldsymbol{\beta}'_F\boldsymbol{F}_t+\boldsymbol{\beta}'_Z\boldsymbol{Z}_{it}+u_{it+h} \tag{5-6}$$

同时，从条件期望的角度，如果令：

$$\mu_{it+h}=E(Y_{it+h} \mid u_{it+h}) \tag{5-7}$$

在 Y_{it+h} 取二元离散值｛0，1｝的情况下，假设有：

$$Y_{it+h}=\begin{cases}1 & Y^*_{it+h}>0\\ 0 & Y^*_{it+h}\leqslant 0\end{cases}$$

于是

$$\begin{aligned}\mu_{it+h} &=1\times P(u_{it+h}>-\boldsymbol{\beta}'_F\boldsymbol{F}_t-\boldsymbol{\beta}'_Z\boldsymbol{Z}_{it})+0\times P(u_{it+h}\leqslant-\boldsymbol{\beta}'_F\boldsymbol{F}_t-\boldsymbol{\beta}'_Z\boldsymbol{Z}_{it})\\ &=P(u_{it+h}>-\boldsymbol{\beta}'_F\boldsymbol{F}_t-\boldsymbol{\beta}'_Z Z_{it})\\ &=P(Y_{it+h}=1 \mid u_{it+h})\end{aligned} \tag{5-8}$$

这样，当 u_{it+h} 服从正态分布和 Logistic 分布时，分别可以得到 Probit 模型和 Logistic 模型。特别地，对于离散面板数据动态因子 Logistic 模型，有：

$$\begin{aligned}P(Y_{it+h}=1 \mid \boldsymbol{F}_t,\ \boldsymbol{Z}_{it},\ u_{it+h}) &=\mu(\boldsymbol{\beta}'_F\boldsymbol{F}_t+\boldsymbol{\beta}'_Z\boldsymbol{Z}_{it})\\ &=\int_{-\beta'_F F_t-\beta'_Z Z_{it}}^{\infty}\frac{\exp(u_{it+h})}{(1+\exp(u_{it+h}))^2}du_{it+h}\\ &=\frac{\exp(-\boldsymbol{\beta}'_F\boldsymbol{F}_t-\boldsymbol{\beta}'_Z\boldsymbol{Z}_{it})}{1+\exp(-\boldsymbol{\beta}'_F\boldsymbol{F}_t-\boldsymbol{\beta}'_Z\boldsymbol{Z}_{it})}\end{aligned} \tag{5-9}$$

其中，$\mu(\cdot)$为对应的期望值，在（0，1）中为分布函数值。这样，对于包含固定效应或随机效应的面板数据模型，只要能得到预测误差项 u_{it+h} 的精确分布，就能通过链接函数得到离散面板数据动态因子模型的各种基本形式。模型（5-3）右边前两项在施加一定假设以后可以合并起来考虑。

二、模型假设

模型（5-1）~模型（5-3）包含因子方程和预测方程两个部分。为了能够正确进行因子分解和模型估计，需要考虑因子分解过程和随机误差项的分布，还需要对模型的组成成分施加一定的限制条件。

通常情况下遵循对因子模型的一些基本假定。对因子载荷和公因子的假设包括识别假设和有界性以及渐近性假设。

（1）假设 E（因子假设）：对公因子 $\boldsymbol{F}_t$ 和因子载荷 $\boldsymbol{\Lambda}_i$：

E1：$(\boldsymbol{\Lambda}_i\boldsymbol{\Lambda}'_i/N)\rightarrow\boldsymbol{I}_r$。

E2：$E(\boldsymbol{F}_t\boldsymbol{F}'_t)=\sum_{FF'}$，$\sum_{FF'}$为对角线元素大于 0 的对角矩阵。

E3：$\boldsymbol{F}_t$ 的样本方差为 $\underset{FF'}{\boldsymbol{M}}=T^{-1}\sum_{t=1}^{T}(\boldsymbol{F}_t-\overline{\boldsymbol{F}})(\boldsymbol{F}_t-\overline{\boldsymbol{F}})'$，其中 $\overline{\boldsymbol{F}}=T^{-1}\sum_{t=1}^{T}\boldsymbol{F}_t$，且当 $T\rightarrow\infty$ 时，有 $\underset{FF'}{\boldsymbol{M}}\xrightarrow{p}\sum_{FF'}$。

E4：任意给定某个时期 t，对任意个体 i，$\boldsymbol{F}_t$ 的取值相同。

假设 E 的四个假设中，E1 为识别假设，如果采用因子分解方法，由于需要唯一识别因子载荷，因此需要施加识别约束，这样才能确定唯一的因子载荷。E2 和 E3 主要针对公因子的协方差矩阵。E2 要求协方差矩阵为正定对角矩阵，这是基于特征值分解时对特征根的要求；E3 是对样本的二阶混合中心矩与对应的总体矩一致性要求。E4 对下面的分析非常重要，因为公因子是个体影响因素的综合，每个个体在同一时期公因子取值为常数，这可以被认为是一种组内相关性。同时，由因子分解过程可知，同一公因子在不同时期的取值相互独立。这种特征反映在面板数据或者聚类数据（Clustered Data）上，可以表述为组内相关，组间独立。所以采用极大似然法将得不到待估参数的无偏估计量，如果采用 MLE 进行估计，需要采用偏差修正的方法才能获得满意的估计结果。

预测方程（5-3）中引入了另外一组解释变量 $\boldsymbol{Z}_{it}$，与公因子 $\boldsymbol{F}_t$ 的潜在性和内生性不同，$\boldsymbol{Z}_{it}$ 是对各个个体进行重复观测的结果。如果在模型估计时选择一种能够拟合组内相关性和组间独立性的估计方法，这样当组内个体间的相关性减弱，甚至当不具有相关性时，同样可以采用这种估计方法，仅仅需要设定这部分变量的相关关系为 0 即可。由于此时 MLE 不是一种有效的估计方法，所以可以采用估计方程的方法，不用写出精确的似然函数也可以求出待估方程的无偏估计量。

模型（5-1）~模型（5-3）中各包含三个误差成分，这三个误差成分分别是因子分解的特质性误差、预测方程（5-2）的预测误差和预测方程（5-3）包含了随机效应的随机误差。各种随机误差项的假设条件也不一样。

（2）假设 F（误差假设）：

F1：$E(e_{it})=0$，$E(e_{it}e_{jt})\neq 0$，$E(e_{is}e_{it})\neq 0$，$\forall i, j, s, t$。

F2：$E(\boldsymbol{v}_{it+h})=0$，$\operatorname{cov}(\boldsymbol{v}_{it+h}, F_{jt})=0$，$\boldsymbol{v}_{it+h}$ 服从某种给定分布。

F3：$E(u_{it+h})=0$，$\operatorname{cov}(u_{it+h}, F_{jt})=0$，$\operatorname{cov}(u_{it+h}, Z_{jit})=0$，$u_{it+h}$ 服从某种给定分布。

假设 F 的三个假设中，F1 为因子分解的特质性误差的假设。除了 0 均值外，与经典因子分解的要求显然不同，主要体现在两个方面：一方面允许个体相关性存在；另一方面还可能存在序列相关性。该假设更加符合面板数据的特点。通常还需要特质性误差项的方差为对角正定矩阵。F2 和 F3 假设预测误差与公因子之间以及预测误差与公因子以外的其他解释变量之间相互独立。表示这些变量对被解释变量的影响都能准确地反映在 $\hat{Y}_{it+h}$ 中。

对预测方程（5-2）和方程（5-3）的假设与其他基本模型一致。通过线性或非线性变换以及链接函数，假设能够将离散因变量模型从形式上转换成一般线性模型，由于预测方程（5-3）中引入了公因子 $\boldsymbol{F}_t$ 与其他解释变量 $\boldsymbol{Z}_{it}$，且存在不同个体在同一时期上取值相同的情况。此时不需要限定 $\boldsymbol{F}_t$ 与 $\boldsymbol{Z}_{it}$ 的数据类型一致，但是要求两者有一致的数据结构，否则会导致数据的非均衡性。这些假设体现了离散因子模型与其他离散面板数据模型的区别。在给定以上假设后，$\boldsymbol{F}_t$ 与 $\boldsymbol{Z}_{it}$ 可以予以合并，此时可以令 $\boldsymbol{\beta}=(\boldsymbol{\beta}_F', \boldsymbol{\beta}_Z')'$，$G=(\boldsymbol{F}_t', \boldsymbol{Z}_{it}')'$。为了体现两者来源的区别，我们在后续分析中选择性予以使用。

第三节 基于 GEE 的模型估计

一、离散面板数据因子模型估计方法的选择

无论是随机效应还是固定效应离散面板数据模型，采用极大似然估计方法都很难得到待估参数的一致估计量（Hsiao，2003）。由于个体相关性的存在，需要选择一种处理相关性数据的有效估计方法。在实际应用中，动态面板数据不仅存在解释变量之间的相关性，而且也需要考虑个体之间和时间之间的相关关系。在动态面板数据中选择广义矩方法就是基于其极大似然估计结果的非一致性。离散面板因子模型在同一时期各个个体解释变量允许取值相同，因变量为一种特殊的形式。Liang 和 Zeger（1986）提出了一种处理相关数据的纵向广义线性模型的估计方法——广义估计方程（GEE）。稍加修改，这种方法也适用于对离散面板数据因子模型进行估计。

Liang 和 Zeger（1986）的广义估计方程是可行的广义最小二乘（FGLS）与广义线性模型的综合（Ziegler，2012）。GEE 的第一步是写出得分（似然）方程，即对数似然函数的一阶导数，只有线性且服从正态分布的解释变量，才能直接通过求解得分方程估计出模型系数，其他情形需通过 Newton-Raphson 等迭代方法求解。对于独立数据来说，估计结果是一致且渐近正态的，对于相关数据，由于方差—协方差矩阵不是对角矩阵，需要在第二步采用方差矩阵的稳健估计，即协方差矩阵的对角化，但这并不能得到有效估计量。在 Liang 和 Zeger（1986）的 GEE 方法中，没有严格限制协方差矩阵必须是对角矩阵，只需要接近于真实对角矩阵。通过引入工作相关矩阵，得到一个三明治（Sandwich）的协方差矩阵结构，这样可以通过选择合适的工作相关矩阵（Working Correlation Matrix）得到均值结构的一致估计量。简单地说，GEE 与 FGLS 一样，第一步对协方差 V 进行估计，第二步再对参数向量 $\boldsymbol{\beta}$ 进行估计。相对于 FGLS，GEE 更加适合于广义线性模型。

由于离散面板数据因子模型的 GEE 估计过程添加了因子成分，所以从得分方程的给出，方差协方差成分的推导，再到工作相关矩阵的选择，都得重新考虑。下面将按照估计步骤分别考虑以上问题的实现，并且进一步研究估计结果的统计性质。

二、随机效应和固定效应模型估计过程的实现

模型（5-3）给出的面板数据模型可能为随机效应模型或者固定效应模型，这里只讨论个体效应。对于因变量为二元离散值的面板数据因子固定效应模型。由于添加了个体固定效应 α_i、个体效应 α_i 和解释变量系数 $\boldsymbol{\beta}$ 都需要估计，离散因变量模型与线性模型不同，并不能通过差分等线性变换消除个体固定效应的影响，所以通过极大似然估计所得出的估计具有非一致性。此时，通过似然函数的导数得到矩方程，进而通过求解矩方程得出参数估计，是一种有效替代方法。离散因子固定效应模型的似然函数可以表示为：

$$L(\boldsymbol{\beta}) = \prod_{i=1}^{N}\prod_{t=1}^{T}[\mu(\boldsymbol{\beta}'_F\boldsymbol{F}_t+\boldsymbol{\beta}'_Z\boldsymbol{Z}_{it}+\alpha_i)]^{Y_{it+h}}[1-\mu(\boldsymbol{\beta}'_F\boldsymbol{F}_t+\boldsymbol{\beta}'_Z\boldsymbol{Z}_{it}+\alpha_i)]^{1-Y_{it+h}} \tag{5-10}$$

令：

$$\begin{aligned}\ell(\boldsymbol{\beta}) = \log L(\boldsymbol{\beta}) = \sum_{i=1}^{N}\sum_{t=1}^{T}[&Y_{it+h}\log(\mu(\boldsymbol{\beta}'_F\boldsymbol{F}_t+\boldsymbol{\beta}'_Z\boldsymbol{Z}_{it}+\alpha_i)) + \\ &(1-Y_{it+h})\log(1-\mu(\boldsymbol{\beta}'_F\boldsymbol{F}_t+\boldsymbol{\beta}'_Z\boldsymbol{Z}_{it}+\alpha_i))]\end{aligned} \tag{5-11}$$

于是有：

$$\begin{aligned}\frac{\partial \ell}{\partial \boldsymbol{\beta}} = \sum_{i=1}^{N}\sum_{t=1}^{T}&\frac{Y_{it+h}-\mu(\boldsymbol{\beta}'_F\boldsymbol{F}_t+\boldsymbol{\beta}'_Z\boldsymbol{Z}_{it}+\alpha_i)}{\mu(\boldsymbol{\beta}'_F\boldsymbol{F}_t+\boldsymbol{\beta}'_Z\boldsymbol{Z}_{it}+\alpha_i)(1-\mu(\boldsymbol{\beta}'_F\boldsymbol{F}_t+\boldsymbol{\beta}'_Z\boldsymbol{Z}_{it}+\alpha_i))} \\ &\left(\frac{\partial \mu}{\partial \boldsymbol{\beta}_F}\boldsymbol{F}_t+\frac{\partial \mu}{\partial \boldsymbol{\beta}_Z}\boldsymbol{Z}_{it}\right)\end{aligned} \tag{5-12}$$

推广到因变量为离散值的广义线性模型，可以采用广义线性模型的指数族分布概率密度（质量）函数的统一表达式：

$$f(Y,\ \theta,\ \varphi)=\exp\left(\frac{Y_{it+h}\theta_{it}-b(\theta_{it})}{a(\varphi)}+c(Y_{it+h},\ \varphi)\right) \tag{5-13}$$

其中，θ_{it} 表示位置参数，由 Y_{it+h} 的平均水平决定；a（φ）表示规模参数，

主要影响 Y_{it+h} 的方差值；c（Y_{it+h}，φ）表示正规化项。离散因变量 Y_{it+h} 的期望和方差可以用式（5-13）给出的参数表示为：

$$E(Y_{it+h})=b'(\theta_{it})=\mu$$

$$V(Y_{it+h})=b''(\theta_{it})a(\varphi)$$

常见指数族分布的对应参数值见 McCullagh 和 Nelder（2019）。此处引入以上记号仅仅为了对离散面板数据因子模型有一致表示。采用表达式（5-13）可以得到对数似然函数式（5-11）基于离散面板数据因子模型的一般形式：

$$\frac{\partial \ell(\boldsymbol{\beta},\ \alpha_i)}{\partial \boldsymbol{\beta}}=\sum_{i=1}^{N}\sum_{t=1}^{T}\frac{Y_{it+h}-\mu(\boldsymbol{\beta}'_F\boldsymbol{F}_t+\boldsymbol{\beta}'_Z\boldsymbol{Z}_{it}+\alpha_i)}{a(\varphi)V(\mu(\boldsymbol{\beta}'_F\boldsymbol{F}_t+\boldsymbol{\beta}'_Z\boldsymbol{Z}_{it}+\alpha_i))}\left(\frac{\partial \mu}{\partial \boldsymbol{\beta}_F}\boldsymbol{F}_t+\frac{\partial \mu}{\partial \boldsymbol{\beta}_Z}\boldsymbol{Z}_{it}\right) \tag{5-14}$$

和

$$\frac{\partial \ell(\boldsymbol{\beta},\ \alpha_i)}{\partial \alpha_i}=\sum_{t=1}^{T}\frac{Y_{it+h}-\mu(\boldsymbol{\beta}'_F\boldsymbol{F}_t+\boldsymbol{\beta}'_Z\boldsymbol{Z}_{it}+\alpha_i)}{a(\varphi)V(\mu(\boldsymbol{\beta}'_F\boldsymbol{F}_t+\boldsymbol{\beta}'_Z\boldsymbol{Z}_{it}+\alpha_i))}\frac{\partial \mu}{\partial \alpha_i}(\boldsymbol{\beta}'_F\boldsymbol{F}_t+\boldsymbol{\beta}'_Z\boldsymbol{Z}_{it}+\alpha_i) \tag{5-15}$$

进一步，令

$$\frac{\partial \ell(\boldsymbol{\beta},\ \alpha_i)}{\partial \boldsymbol{\beta}}=\mathbf{0}\text{ 和 }\frac{\partial \ell(\boldsymbol{\beta},\ \alpha_i)}{\partial \alpha_i}=\mathbf{0} \tag{5-16}$$

得到 $r+p+N$ 个方程组成的方程组，接下来的问题是怎样求解这些方程组。

假设因变量为二元离散值的面板数据因子随机效应模型的随机效应项 α_i 服从某个给定一元分布 $\pi(\cdot)$。此时又要分两种情况：一种是 α_i 与解释变量相互独立；另一种是 α_i 与解释变量存在相关关系。在因子面板数据模型中，如果存在个体随机效应，α_i 只可能与 $\boldsymbol{Z}_{it}$ 相关，因为因子分解过程已经抵消了个体随机因素的影响。此处只考虑个体随机效应而不考虑时间随机效应，且假设 α_i 与 $\boldsymbol{Z}_{it}$ 正交，影响 α_i 的因素为 $\boldsymbol{\delta}$，α_i 关于 $\boldsymbol{\delta}$ 的条件分布记为 $\pi(\alpha\mid\boldsymbol{\delta})$，与之对应的对数似然函数可以表示为：

$$\ell(\boldsymbol{\beta},\ \alpha)=\sum_{i=1}^{N}\log\int\prod_{t=1}^{T}[\mu(\boldsymbol{\beta}'_F\boldsymbol{F}_t+\boldsymbol{\beta}'_Z\boldsymbol{Z}_{it}+\alpha)]^{Y_{it+h}}$$

$$\times[1-\mu(\boldsymbol{\beta}'_F\boldsymbol{F}_t+\boldsymbol{\beta}'_Z\boldsymbol{Z}_{it}+\alpha)]^{1-Y_{it+h}}d\pi(\alpha\mid\boldsymbol{\delta})$$

写成离散面板数据模型的一般形式，有

$$\ell(\boldsymbol{\beta},\ \alpha) = \log\prod_{i=1}^{N}\int f(\alpha)\left[\prod_{t=1}^{T}f(\boldsymbol{\beta}'_F\boldsymbol{F}_t + \boldsymbol{\beta}'_Z\boldsymbol{Z}_{it} + \alpha)\right]d\pi(\alpha \mid \boldsymbol{\delta})$$

$$= \sum_{i=1}^{N}\log\int f(\alpha)\left[\prod_{t=1}^{T}f(\boldsymbol{\beta}'_F\boldsymbol{F}_t + \boldsymbol{\beta}'_Z\boldsymbol{Z}_{it} + \alpha)\right]d\pi(\alpha \mid \boldsymbol{\delta}) \tag{5-17}$$

求解式（5-17）一阶偏导数得到估计方程，需要将积分式进行分解。而这种分解牵涉到将累次积分转换成多重积分问题。从计算上来讲，这是相当困难的。采用矩方程的方法，写出类似于式（5-14）和式（5-15）的矩方程，由于此时的 α_i 仅仅与个体有关，于是估计方程的矩阵表示为：

$$\frac{\partial\,\ell(\boldsymbol{\beta},\ \alpha)}{\partial\boldsymbol{\beta}} = \sum_{i=1}^{N}\sum_{t=1}^{T}(\boldsymbol{F}'_t,\ \boldsymbol{Z}'_{it})'D\left[\left(\frac{\partial\mu}{\partial\boldsymbol{\beta}_F}\boldsymbol{F}_t + \frac{\partial\mu}{\partial\boldsymbol{\beta}_Z}\boldsymbol{Z}_{it}\right)\right]$$
$$\times V^{-1}(\mu(\boldsymbol{\beta}'_F\boldsymbol{F}_t + \boldsymbol{\beta}'_Z\boldsymbol{Z}_{it} + \alpha))\frac{Y_{it+h} - \mu(\boldsymbol{\beta}'_F\boldsymbol{F}_t + \boldsymbol{\beta}'_Z\boldsymbol{Z}_{it} + \alpha)}{a(\varphi)} \tag{5 - 18}$$

$$\frac{\partial\,\ell(\boldsymbol{\beta},\ \alpha)}{\partial\alpha} = \sum_{t=1}^{T}D\left(\frac{\partial\mu}{\partial\alpha}(\boldsymbol{\beta}'_F F_t + \boldsymbol{\beta}'_Z\boldsymbol{Z}_{it} + \alpha)\right)$$
$$\times V^{-1}(\mu(\boldsymbol{\beta}'_F\boldsymbol{F}_t + \boldsymbol{\beta}'_Z\boldsymbol{Z}_{it} + \alpha))\frac{Y_{it+h} - \mu(\boldsymbol{\beta}'_F\boldsymbol{F}_t + \boldsymbol{\beta}'_Z\boldsymbol{Z}_{it} + \alpha)}{a(\varphi)} \tag{5-19}$$

此处的 $D(\cdot)$ 为正定对角矩阵。记住此时 α_i 与 $\boldsymbol{Z}_{it}$ 具有相关关系。其中，对应分布的个体一阶矩（均值）为：

$$\mu_i = \int\int f(\alpha)g^{-1}(\boldsymbol{\beta}'_F\boldsymbol{F}_t + \boldsymbol{\beta}'_Z\boldsymbol{Z}_{it} + \alpha)d\pi(\alpha \mid \boldsymbol{\delta}) \tag{5-20}$$

近似协方差

$$\widetilde{V}(\mu_i) \approx D\left(\frac{\partial\mu}{\partial\alpha}(\boldsymbol{\beta}'_F\boldsymbol{F}_t + \boldsymbol{\beta}'_Z\boldsymbol{Z}_{it} + \alpha)\right)\alpha\sum_{\alpha}\alpha D\left(\frac{\partial\mu}{\partial\alpha}(\boldsymbol{\beta}'_F\boldsymbol{F}_t + \boldsymbol{\beta}'_Z\boldsymbol{Z}_{it} + \alpha)\right)$$
$$+ \varphi V(\mu(\boldsymbol{\beta}'_F\boldsymbol{F}_t + \boldsymbol{\beta}'_Z\boldsymbol{Z}_{it} + \alpha)) \tag{5-21}$$

其中，$\sum_{\alpha}$ 为随机效应 α 的协方差矩阵。进一步，令

$$\frac{\partial\,\ell(\boldsymbol{\beta},\ \alpha)}{\partial\boldsymbol{\beta}} = \boldsymbol{0} \text{ 和 } \frac{\partial\,\ell(\boldsymbol{\beta},\ \alpha)}{\partial\alpha} = \boldsymbol{0} \tag{5-22}$$

得到与式（5-16）类似的 $r+p+1$ 个方程组成的方程组。

求解式（5-16）和式（5-22）的方程组是一件比较困难的事情。因为不仅存在公因子和解释变量的系数需要估计，还有随机效应和固定效应项 α_i 需要估计。在固定效应模型中，α_i 的估计可以用添加某个常数变量的方法来解决；在随机效应模型中，需要了解影响随机效应 α 的相关因素，进而明确 π（α | $\boldsymbol{\delta}$）的分布情况。无论最终确定为随机效应或者固定效应，离散面板数据模型都需要厘清解释变量系数 $\boldsymbol{\beta}$ 与 α_i（α）的关系，如果 $\boldsymbol{\beta}$ 与 α_i 相互独立（正交），那么可以将两者分开进行估计；如果 $\boldsymbol{\beta}$ 与 α_i 具有相关关系，需要研究两者的协方差矩阵的结构。简单来说，对于估计方程组（5-16），如果 β 与 α_i 独立，那么式（5-16）中的两个方程组可以分开进行估计，否则，必须对两者同时进行估计。该条件同样适用于式（5-22）。

由于极大似然函数估计的计算量较大和估计结果的非一致性，可以采用基于相关数据的广义估计方程方法。Liang 和 Zeger（1986）的广义估计方程采取的是将均值方程和协方差分开进行估计的方法，通常称为 GEE1。Liang、Zeger 和 Quaqish（1992）进一步推广到两者的联合估计，称为 GEE2。在这里，我们将 α_i（α）看作讨厌参数（Nuisance Parameters），并采用 GEE1 估计。如果式（5-14）和式（5-15）写成矩阵的形式，并假设协方差矩阵关于讨厌参数 α 的工作相关矩阵为 $\boldsymbol{R}$（$\boldsymbol{\alpha}$），表示相关矩阵通过参数向量 $\boldsymbol{\alpha}$ 估计得到，此时式（5-21）的协方差矩阵可以简化为：

$$V(\mu_i)=\left[D(V(\mu(\boldsymbol{\beta}_F'\boldsymbol{F}_t+\boldsymbol{\beta}_Z'\boldsymbol{Z}_{it}+\alpha))^{1/2}\boldsymbol{R}(\boldsymbol{\alpha})D((\boldsymbol{\beta}_F'\boldsymbol{F}_t+\boldsymbol{\beta}_Z'\boldsymbol{Z}_{it}+\alpha))^{1/2}\right]_{T\times T} \quad (5\text{-}23)$$

其中，$V(\cdot)$为对角矩阵。这样，整个估计过程包括三个步骤：第一步，求解均值 $\mu_i(\cdot)$；第二步，通过选择合适的工作相关矩阵求解协方差 $V(\mu_i)$；第三步，通过迭代求解估计方程，得到解释变量的系数 $\boldsymbol{\beta}_F$ 和 $\boldsymbol{\beta}_Z$ 的一致估计结果。

需要说明的是，离散面板数据因子模型的 GEE1 估计同样面临工作相关矩阵的选择问题。常见的工作相关矩阵如可交换相关、自回归相关［主要指 AR（1）］、无结构相关，以及固定相关等都可以运用于 DPDFM 的估计。在实际应用问题中，需要根据相应数据特征来选择合适的工作相关矩阵。尤其是采用自定义的固定相关时，必须要保证相关矩阵的正定性。GEE1 中工作相关矩阵的选择可以见 Ziegler（2012）。

三、基于 GEE 的 DPDFM 估计的理论性质

离散面板数据因子模型设定和估计的前提是对面板数据中大量个体的解释变量进行因子分解，目的主要是解决模型中需要估计的参数过多的问题，同时提高模型的应用能力和预测效果。因子分解的方法此处采用经典的主成分法。公因子个数的决定采用 Bai 和 Ng（2002）基于面板数据分析的 IC_p 准则。Stock 和 Watson（2002）指出，当个体数较大时，采用迭代非线性方法求解公因子面临估计大量参数的问题，因此他们建议采用非参数主成分法。通过最小化如下非线性最小二乘估计量。

$$V(\boldsymbol{\Lambda}, \boldsymbol{F})=\frac{1}{NT}\sum_{i=1}^{N}\sum_{t=1}^{T}(X_{it}-\boldsymbol{\Lambda}_i'\boldsymbol{F}_t) \tag{5-24}$$

得到最小化式（5-24）的因子载荷矩阵估计量 $\hat{\boldsymbol{\Lambda}}$，进一步得到因子估计量 $\hat{\boldsymbol{F}}=\boldsymbol{X}\boldsymbol{\Lambda}'/N$。

对于高维情形，需要考虑时期数和个体数之间的关系，当 $T>N$ 时，通过经典主成分法得到模型(5-1)的因子载荷的估计和公因子得分估计；当 $T<N$ 时，最小化式(5-24)可以先求解出公因子再估计因子载荷。此时需要消除 $\hat{\boldsymbol{\Lambda}}$，极大化迹统计量 $tr(\boldsymbol{F}'(\boldsymbol{X}\boldsymbol{X}')\boldsymbol{F})$，并满足约束条件 $\boldsymbol{F}'\boldsymbol{F}/T=\boldsymbol{I}_r$，得到公因子估计量 $\hat{\boldsymbol{F}}$。因子估计的一致性和渐近性见 Stock 和 Watson（2002）的定理 5.1 和定理 5.2。

将式（5-24）的公因子估计结果代入模型（5-3），可以对离散面板数据因子模型中的预测方程进行估计。无论是固定效应模型还是随机效应模型，由于很难采用消去法消除固定效应或随机效应因素，采用广义估计方程对预测方程进行估计，可以将潜在效应变量看作讨厌参数，通过可行的广义最小二乘或者迭代方法求解估计方程（得分函数方程）对解释变量系数进行估计。为此，需要求解式（5-16）或者式（5-22）所给出的得分方程。在参数空间 $\{\boldsymbol{\beta}=(\boldsymbol{\beta}_F', \boldsymbol{\beta}_Z')'\}$ 上增加一列向量 $\boldsymbol{\alpha}$，假设真实参数为 $\boldsymbol{\beta}^*$ 和 $\boldsymbol{\alpha}^*$，由此设定的讨厌参数为：

$$\boldsymbol{\omega}_i=Q(\mu(\boldsymbol{X}_i, \boldsymbol{\beta}^*), V(\boldsymbol{X}_i, \boldsymbol{\beta}^*, \boldsymbol{\alpha}^*))$$

其中，Q 是关于 μ 和 Σ 的可微函数。在引入讨厌参数以后，第一步，得出真实参数 $\boldsymbol{\beta}^*$ 和 $\boldsymbol{\alpha}^*$ 初始估计值；第二步，通过估计讨厌参数 $\boldsymbol{\omega}_i$ 计算 $\boldsymbol{\beta}^*$ 的拟似然估计值 $\hat{\boldsymbol{\beta}}$。与一般离散面板数据不同的是此处 $\boldsymbol{\beta}$ 包括两个可分部分。模型(5-3)给

出的离散面板数据因子模型可以表示为：

$$\boldsymbol{Y}_i=\mu(\boldsymbol{\beta}_F'\boldsymbol{F}+\boldsymbol{\beta}_Z'\boldsymbol{Z}_i+\alpha)+\boldsymbol{u}_i \tag{5-25}$$

由于因变量 $\boldsymbol{Y}_i$ 是指数族模型，所以其密度函数可以由式(5-13)给出。在给定观测变量 $\boldsymbol{Z}_i$ 和公因子估计量 $\hat{\boldsymbol{F}}$ 已知的情况下，因变量的条件期望和方差可以表示为：

$$E(\boldsymbol{Y}_i \mid \hat{\boldsymbol{F}},\ \boldsymbol{Z}_i)=\mu(\hat{\boldsymbol{F}},\ \boldsymbol{Z}_i,\ \boldsymbol{\beta}_F,\ \boldsymbol{\beta}_Z) \tag{5-26}$$

$$Var(\boldsymbol{Y}_i \mid \hat{\boldsymbol{F}},\ \boldsymbol{Z}_i)=V(\hat{\boldsymbol{F}},\ \boldsymbol{Z}_i) \tag{5-27}$$

引入讨厌参数后条件期望值不变，相应的方差表示为：

$$Var(\boldsymbol{Y}_i \mid \hat{\boldsymbol{F}},\ \boldsymbol{Z}_i)=V(\hat{\boldsymbol{F}},\ \boldsymbol{Z}_i,\ \tilde{\boldsymbol{\beta}}_F,\ \tilde{\boldsymbol{\beta}}_Z,\ \tilde{\boldsymbol{\omega}}_i) \tag{5-28}$$

其中，第一步，$\tilde{\boldsymbol{\beta}}_F$、$\tilde{\boldsymbol{\beta}}_Z$ 和 $\tilde{\boldsymbol{\omega}}_i$ 是估计得到的参数估计值以及由此计算的讨厌参数值。第二步，对讨厌参数和与之对应的似然函数式(5-11)和式(5-16)极大化得到的参数估计量为 $\hat{\boldsymbol{\beta}}_F$ 和 $\hat{\boldsymbol{\beta}}_Z$。在给定的假设条件下，有如下估计参数的一致性定理。

定理 5.1　（一致性）给定公因子估计量 $\hat{\boldsymbol{F}}$，采用 GEE 估计出模型(5-3)的解释变量参数 $\boldsymbol{\beta}_Z$ 和公因子项参数 $\boldsymbol{\beta}_F$ 的估计结果分别是 $\hat{\boldsymbol{\beta}}_Z$ 和 $\hat{\boldsymbol{\beta}}_F$。假设与之对应的真实参数分别为 $\boldsymbol{\beta}_Z^*$ 和 $\boldsymbol{\beta}_F^*$，有以下渐近性质：

（1）　$\hat{\boldsymbol{\beta}}_Z-\boldsymbol{\beta}_Z^* \to 0$(a. s.)；

（2）　$\hat{\boldsymbol{\beta}}_F-\boldsymbol{\beta}_F^* \to 0$(a. s.)。

定理 5.1 的证明见附录三。其中的 a. s. 表示几乎处处。

定理 5.1 说明采用 GEE1 估计的解释变量和公因子项的参数估计结果 $\hat{\boldsymbol{\beta}}_Z$ 和 $\hat{\boldsymbol{\beta}}_F$ 具有强一致性。由于 GEE1 采用了 Gourieroux 等（1984）的伪似然方法以及指数族模型的拟似然估计，离散面板因子模型的估计结果满足伪似然方法的基本性质。

考察参数估计结果的分布状况，需要进一步研究待估参数 $\boldsymbol{\beta}=(\boldsymbol{\beta}_F',\ \boldsymbol{\beta}_Z')'$ 的对数似然函数，也就是得分方程的一些特点。一般情形下，对参数向量 $\boldsymbol{\beta}$ 的对数似然函数求一阶导数，得到 Fisher 得分函数：

$$U(\boldsymbol{\beta})=\frac{\partial \ell(\boldsymbol{\beta})}{\partial \boldsymbol{\beta}}=\frac{1}{N}\sum_{i=1}^{N}U_i(\boldsymbol{\beta})=\frac{1}{N}\sum_{i=1}^{N}\frac{\partial \ell_i(\boldsymbol{\beta})}{\partial \boldsymbol{\beta}}$$

在引入附加参数（Additional Parameter）$\boldsymbol{\alpha}$之后，相应的得分函数可以写成：

$$U(\boldsymbol{\beta},\ \boldsymbol{\alpha})=\frac{\partial \ell(\boldsymbol{\beta},\ \boldsymbol{\alpha})}{\partial \boldsymbol{\beta}}=\frac{1}{N}\sum_{i=1}^{N}U_i(\boldsymbol{\beta},\ \boldsymbol{\alpha})=\frac{1}{N}\sum_{i=1}^{N}\frac{\partial \ell_i(\boldsymbol{\beta},\ \boldsymbol{\alpha})}{\partial \boldsymbol{\beta}}$$

进一步可以得到式（5-14）和式（5-18）所给出的固定效应和随机效应因子模型的具体得分函数以及由此确定的得分方程（5-16）和方程（5-22）。

为了极大化得分函数，进一步对上面的对数似然函数求二阶导数，得到*Hessian*矩阵：

$$\boldsymbol{W}(\boldsymbol{\beta})=\frac{\partial^2 \ell(\boldsymbol{\beta})}{\partial \boldsymbol{\beta}\partial \boldsymbol{\beta}'}=\frac{1}{N}\sum_{i=1}^{N}\boldsymbol{W}_i(\boldsymbol{\beta})=\frac{1}{N}\sum_{i=1}^{N}\frac{\partial^2 \ell_i(\boldsymbol{\beta})}{\partial \boldsymbol{\beta}\partial \boldsymbol{\beta}'}$$

此处，二阶导函数 $\boldsymbol{W}(\boldsymbol{\beta})$ 是一个负定矩阵。在引入附加参数（Additional Parameter）$\boldsymbol{\alpha}$之后，对应的 Hessian 矩阵可以写作：

$$\boldsymbol{W}(\boldsymbol{\beta},\ \boldsymbol{\alpha})=\frac{\partial^2 \ell(\boldsymbol{\beta},\ \boldsymbol{\alpha})}{\partial \boldsymbol{\beta}\partial \boldsymbol{\beta}'}=\frac{1}{N}\sum_{i=1}^{N}\boldsymbol{W}_i(\boldsymbol{\beta},\ \boldsymbol{\alpha})=\frac{1}{N}\sum_{i=1}^{N}\frac{\partial^2 \ell_i(\boldsymbol{\beta},\ \boldsymbol{\alpha})}{\partial \boldsymbol{\beta}\partial \boldsymbol{\beta}'}$$

这里无论是得分函数 $\boldsymbol{U}(\boldsymbol{\beta},\ \boldsymbol{\alpha})$ 还是 Hessian 矩阵 $\boldsymbol{W}(\boldsymbol{\beta},\ \boldsymbol{\alpha})$ 都可以看作是对个体相应结果 $\boldsymbol{U}_i(\boldsymbol{\beta},\ \boldsymbol{\alpha})$ 或者 $\boldsymbol{W}_i(\boldsymbol{\beta},\ \boldsymbol{\alpha})$ 的平均。特别地，对于离散面板数据因子模型，如果将分块参数和变量合并，由式（5-14）和式（5-18）所给出的固定效应模型和随机效应模型的得分函数可以简化为：

$$\begin{aligned}\boldsymbol{U}(\boldsymbol{\beta})&=\sum_{i=1}^{N}D_i'\left(\left(\frac{\partial \mu}{\partial \boldsymbol{\beta}}\boldsymbol{G}\right)\right)V_i^{-1}(\mu(\boldsymbol{G},\ \boldsymbol{\beta},\ \boldsymbol{\alpha}))(\boldsymbol{Y}_i-\mu_i(\boldsymbol{G},\ \boldsymbol{\beta},\ \boldsymbol{\alpha}))\\&=D'\left(\left(\frac{\partial \mu}{\partial \boldsymbol{\beta}}\boldsymbol{G}\right)\right)V^{-1}(\mu(\boldsymbol{G},\ \boldsymbol{\beta},\ \boldsymbol{\alpha}))(\boldsymbol{Y}-\mu(\boldsymbol{G},\ \boldsymbol{\beta},\ \boldsymbol{\alpha}))\end{aligned}\qquad(5-29)$$

其中，$D(\cdot)$为期望$\mu(\cdot)$关于参数 $\boldsymbol{\beta}$ 的一阶偏导数，是 $D_i(\cdot)$的堆栈。$V(\cdot)$由分块对角矩阵 $V_i(\cdot)$组成。因变量 $\boldsymbol{Y}$ 及其期望 $\mu(\cdot)$分别由 $\boldsymbol{Y}_i$ 和 $\mu_i(\cdot)$堆栈得到。工作协方差矩阵 $V_i(\cdot)$进一步由式(5-23)给出，是一个典型的三明治（Sandwich）表达式，由 $D(\cdot)$以及工作相关矩阵 $\boldsymbol{R}(\boldsymbol{\alpha})$联合组成，为估计方程的重要构成成分。离散因变量模型估计过程在极大化得分函数的 Hessian 矩阵基础上求解得分方程得到真实参数 $\boldsymbol{\beta}^*$ 的估计结果 $\hat{\boldsymbol{\beta}}$。

为了简化表达式，下面定理 5.2 中将略去块对角矩阵 D（·）和 V（·）以及期望μ（·）的自变量表达式，如果不加特别说明，其对应的自变量与式（5-29）所给出的自变量一致。估计结果的渐近性由定理5.2给出。

定理5.2 （渐近正态性）如果记$\boldsymbol{\beta}=(\boldsymbol{\beta}_F', \boldsymbol{\beta}_Z')'$，$\boldsymbol{G}=(\boldsymbol{F}_t', \boldsymbol{Z}_{it}')'$，$\boldsymbol{\beta}$为$(r+p)\times 1$维列向量，采用GEE估计得到估计值$\hat{\boldsymbol{\beta}}$，那么估计值$\hat{\boldsymbol{\beta}}$与真实值$\boldsymbol{\beta}^*$之间满足渐近正态性：

$$\sqrt{N}(\hat{\boldsymbol{\beta}}-\boldsymbol{\beta}^*)\xrightarrow{d}N(0,\ S(\boldsymbol{\beta}^*,\ \boldsymbol{\alpha}^*)^{-1}O(\boldsymbol{\beta}^*,\ \boldsymbol{\alpha}^*)S(\boldsymbol{\beta}^*,\ \boldsymbol{\alpha}^*)^{-1})$$

其中，$S(\boldsymbol{\beta},\ \boldsymbol{\alpha})=E^G(E^Y-\boldsymbol{W}_i)=E^G(D_i'V_i^{-1}D_i)$为给定因变量的离差后关于解释变量$\boldsymbol{G}$的Fisher信息矩阵，$O(\boldsymbol{\beta},\ \boldsymbol{\alpha})=E^GE^Y(\boldsymbol{U}_i(\boldsymbol{\beta})\boldsymbol{U}_i(\boldsymbol{\beta})')$为外积梯度矩阵（OPG）。

定理5.2的证明见附录四。

由于GEE估计与Gourieroux等（1984）的伪似然方法非常相似，所以离散面板数据因子模型的估计结果满足的基本性质可以由GEE和伪似然估计稍加修改后推导而来。定理5.2的结论表明添加讨厌参数之后，根据GEE估计的指数族面板数据因子模型对于均值向量的正确估计有一个较高的要求，可以采用一个预先设定的协方差矩阵通过迭代求解出模型参数的一致估计结果。该结果不受讨厌参数的影响，从而增强了模型估计方法的适用范围，具有稳健的估计效果。这样即使初始设定的协方差矩阵V_i（·）有误导致第一步估计所得到的参数估计量$\tilde{\boldsymbol{\beta}}$和讨厌参数$\tilde{\boldsymbol{\omega}}$有偏，经过迭代以后也能得到真实参数$\boldsymbol{\beta}^*$的正确估计结果$\hat{\boldsymbol{\beta}}$。

第四节 数值模拟

离散面板数据动态因子模型的估计过程包括因子方程中公因子$\boldsymbol{F}_t$的估计和预测方程参数的估计，进行模型估计以前必须对其中的部分解释变量进行因子分解以获取公因子和因子载荷。为了保证可识别性，要求因子分解的结果必须唯一。无论采用经典的主成分法，还是 Bai 和 Li（2012）处理包含异质性影响的极大似然估计法，都能得出因子载荷矩阵并进一步估计出各个公共因子的得分值。而本章所提出的预测方程的估计结果的一致性和渐近正态性等结论是基于因子分解过程能正确体现这部分解释变量的共同特征和综合影响。如果仅仅为了验证估计结果的有效性，只需要考虑给定公因子的情况下模型的估计结果和预测能力。但为了体现数据生成过程的实际应用背景，我们在此首先考虑公因子的估计过程。

由于因子分解是基于大规模数据的公共因素提取过程，多元时序变量因子分解过程是以个体为公因子的提取对象，所以每个个体在同一时刻的因子得分相同，为了模拟公因子的提取过程，假设变量 X_{it} 的数据生成过程为：

$$X_{it}=\zeta_{it}+\psi_{it}$$

其中，$\zeta_{it}\sim N(1,\ 9)$，$\psi_{it}\sim U[-1,\ 1]$，即认为 X_{it} 由一个正态过程和一个均匀分布过程组成。个体数和时期数分别为 $N=15$ 和 $T=25$。对 X_{it} 进行因子分解并利用极大似然法计算公因子，这里根据 IC_p 准则选择个体公因子的个数为 2，根据公因子 $\hat{f}_{1t}$ 和 $\hat{f}_{2t}$ 建立如下数据生成模型：

$$Y^*_{it+h}=\beta_0+\beta_1\hat{f}_{1t}+\beta_2\hat{f}_{2t}+\alpha_i+\upsilon_{it+h}$$

其中，截距项和因子项的设定见表 5-1，υ_{it+h} 为 0 均值，单位方差的正态过程。对预测模型进行估计时，可以选择三种常见的工作相关矩阵进行对比。此处的 α_i 主要考虑随机效应模型，固定效应模型的估计结果与之类似。离散因变量设定为：

$$Y_{it+h}=\begin{cases}1 & Y^*_{it+h}>0\\ 0 & Y^*_{it+h}\leqslant 0\end{cases}$$

其中，$i=1,\ \cdots,\ N$；$t=1,\ \cdots,\ T$；此处仅仅考虑 $h=1$ 的情形。即利用预测方程进行向前一期预测。具体的估计结果见表 5-1。

表 5-1 包含两个公因子项的 DPDFM 平均系数估计结果（5000 次模拟）

w	$\hat{\beta}$								
	$\beta_0=0.5$	$\beta_1=1$	$\beta_2=0.5$	$\beta_0=0$	$\beta_1=0.1$	$\beta_2=0.15$	$\beta_0=0.2$	$\beta_1=-1$	$\beta_2=-0.5$
ind	0.5001	0.9987	0.5020	0.0009	0.1005	0.1532	0.1985	−1.0003	−0.4988
exc	0.4997	1.0000	0.4988	0.0002	0.0981	0.1478	0.1988	−1.0004	−0.5018

续表

w	$\hat{\beta}$								
	$\beta_0=0.5$	$\beta_1=1$	$\beta_2=0.5$	$\beta_0=0$	$\beta_1=0.1$	$\beta_2=0.15$	$\beta_0=0.2$	$\beta_1=-1$	$\beta_2=-0.5$
ar1	0.4983	0.9943	0.4982	-0.0004	0.1010	0.1524	0.2009	-1.0034	-0.5014

注：w 表示 GEE1 中工作相关矩阵的类型，从上到下分别表示"independence"、"exchangeable"、"ar1"三种常见的工作相关矩阵。

从表 5-1 可以看出，包含两个公因子的离散面板数据因子模型估计结果比较接近于所设定的真实值。三组不同的 β 所得出的估计结果与真实值比较，偏差没有较大改变。说明估计结果相对比较稳健。为了进行对比，中间一组截距项设置为 $\beta_0=0$，从估计结果来看，如果模型的截距项为 0，那么采用 GEE 进行估计同样有较好的估计效果。当然，如果固定效应或者随机效应项的方差 σ_α 设定不同，那么将会影响最终的估计结果。为了比较工作相关矩阵对估计结果的影响，对每个模型采用三种工作相关矩阵，估计结果表明，不同的工作相关矩阵对于离散面板数据因子模型的估计结果影响不大。

为了研究外生离散变量对估计结果的影响，进一步考虑如下的数据生成过程：

$$Y_{it+h}^{*}=\beta_0+\beta_1\hat{f}_{1t}+\beta_2 Z_{it}+v_{it+h}$$

估计结果见表 5-2。

新的数据生成过程只包含一个公因子，同时引入了一个外生离散变量 Z_{it}，其中，Z_{it} 根据二元离散分布 B（1，0.6）生成，其他设置条件和原来的数据生成过程一致。从表 5-2 的估计结果可以看出，采用本章提出的估计方法，能够有效处理自变量和因变量同时存在离散数据时的面板因子模型估计。不同的工作相关矩阵对估计结果影响不显著。

表 5-2 包含一个公因子和一个离散外生变量的 DPDFM 平均系数估计结果（5000 次模拟）

w	$\hat{\beta}$								
	$\beta_0=0.5$	$\beta_1=1$	$\beta_2=0.5$	$\beta_0=0$	$\beta_1=0.1$	$\beta_2=0.15$	$\beta_0=0.2$	$\beta_1=-1$	$\beta_2=-0.5$
ind	0.5023	1.0009	0.4993	0.0010	0.0982	0.1511	0.2002	-0.9985	-0.4997

续表

w	$\hat{\beta}$								
	$\beta_0=0.5$	$\beta_1=1$	$\beta_2=0.5$	$\beta_0=0$	$\beta_1=0.1$	$\beta_2=0.15$	$\beta_0=0.2$	$\beta_1=-1$	$\beta_2=-0.5$
exc	0.4965	1.0023	0.5025	-0.0023	0.1004	0.1518	0.1967	-0.9981	-0.5006
ar1	0.5039	0.9990	0.4983	0.0013	0.0998	0.1463	0.2022	-0.9986	-0.5011

注：w 表示 GEE1 中工作相关矩阵的类型，从上到下分别表示 "independence"、"exchangeable"、"ar1" 三种常见的工作相关矩阵。

第五节　非交易日对股票价格涨跌的影响

对于包含大量金融资产的股票市场来说，影响股票价格的因素有很多，其中，非交易日对股票价格有着非常明显的影响。由于非交易日积聚的大量新消息需要通过股票市场重新开始交易以后进行释放，导致非交易日之后第一个交易日的价格出现较大幅度的涨跌。这就是有名的"周一效应"。当然，非交易日并不仅仅包括周末，还有一些法定节假日以及临时性停牌。如果进行深入分析会发现非交易日的持续时间长短也可能对股票交易有影响。本章仅考虑由可知原因产生的非交易日对股票市场价格涨跌的影响，此时非交易日是一个可以观测的变量。

为了研究中国股票市场非交易日对股票价格涨跌的影响，考虑上海证券交易所上证 50 指数的成份股，这里选择的交易时间段为 2012 年 1 月 5 日至 2013 年 2 月 1 日，共 262 个交易日。剔除在此期间退出和新进入的股票后，上证 50 指数 50 只成份股在这 262 个交易日中全部进行交易的股票共 24 只，具体的股票名称和股票代码见表 5-3。其中的非交易日主要包括周末和法定节假日。

表 5-3　上证 50 指数中的 24 只股票及其代码

股票名称	浦发银行	中信证券	保利地产	上汽集团	江西铜业	海通证券
股票代码	600000	600010	600015	600028	600030	600036

续表

股票名称	中国神华	中国太保	中国南车	中国石油	包钢股份	中国联通
股票代码	600048	600050	600104	600111	600362	600585
股票名称	包钢稀土	伊利股份	中国人寿	华泰证券	华夏银行	中国石化
股票代码	600837	600887	601006	601088	601601	601628
股票名称	招商银行	海螺水泥	大秦铁路	中国建筑	潞安环能	光大银行
股票代码	601668	601688	601699	601766	601818	601857

由于在某个特定交易日影响市场的各种因素主要反映在当天股票的收盘价上，为了提取这些共同因素，运用统计因子模型进行因子分解，选取反映价格共同变动的公因子。

$$CLSPRC_{it}=\hat{\boldsymbol{\Lambda}}'_i\hat{\boldsymbol{F}}_t+e_{it}$$

其中，$CLSPRC_{it}$ 表示第 t 个交易日第 i 只股票的收盘价。采用实际数据，根据 IC_p 准则选定的公因子个数为 2。建立如下离散面板数据随机效应预测模型：

$$Y^*_{it+1}=\beta_0+\beta_1 NONTRD_{it}+\beta_2\hat{F}_{1t}+\beta_3\hat{F}_{2t}+\alpha_i+\upsilon_{it+1}$$

其中，$NONTRD_{it}$ 为二元示性变量，

$$NONTRD_{it}=\begin{cases}1 & \text{第 } t \text{ 期和第 } t+1 \text{ 期之间为非交易日}\\ 0 & \text{其他}\end{cases}$$

与 Y^*_{it+1} 对应的二元离散因变量 Y_{it+1} 表示第 $t+1$ 个交易日股票价格的涨跌情况：

$$Y_{it+1}=\begin{cases}1 & CLSPRC_{it+1}>CLSPRC_{it}\\ 0 & CLSPRC_{it+1}\leqslant CLSPRC_{it}\end{cases}$$

链接函数采用 logistic 函数。估计结果见表 5-4。

表 5-4 股票价格涨跌受非交易日影响的因子模型估计结果

	$\hat{\beta}$			
	$\hat{\beta}_0$	$\hat{\beta}_1$	$\hat{\beta}_2$	$\hat{\beta}_3$
估计值	0.1076	−0.1985	−0.012	0.0463
标准误差	0.0186	0.0448	0.0120	0.0244
p 值	7.5e−09	9.2e−06	0.318	0.058

估计结果可以用对数强度比（Odds Ratio）予以解释。由于基准水平为股票价格非上涨，如果用 X_{it} 表示二元离散解释变量，此处为非交易日；Y_{it+1} 表示因变量，此处代表股票价格的涨跌；$\hat{\beta}$ 表示对应参数的估计值。相应地，估计结果用对数强度比表示为：

$$\log OR=\frac{P(Y_{it}=1|X_{it}=1)/P(Y_{it}=0|X_{it}=1)}{P(Y_{it}=1|X_{it}=0)/P(Y_{it}=0|X_{it}=0)}=\hat{\beta}$$

此处 $\hat{\beta}_1$ 的估计结果为-0.1985，表示在平均意义上，非交易日的股票价格上涨的可能性要低于交易日，换句话说，在样本期内，非交易日可能积聚了更多的坏消息，从而增加了股票价格下跌的可能性。而从总体上来看，股票价格保持上升态势，截距项为0.1076。两个公因子代表的两种不同的共同影响因素分别导致了股票价的涨跌。如果进一步分析两个公因子的来源，会发现促成市场总体行情上涨的主要推动力量。

第六节　本章小结

作为一类常见的面板数据模型，离散面板数据模型的研究已经相当深入，本章在这类模型中引入潜在因子，建立了离散面板数据因子模型，讨论个体维数较大时面板数据降维过程及其处理办法。对于包含潜在因子的受限因变量模型，主要包括两个组成部分：一个是因子模型；另一个是预测模型。本章在设定时，就两个模型的组成成分设定进行了分析，分别考虑了固定效应模型和随机效应模型、纯因子模型和包含其他外生变量的因子模型、二元离散因变量模型和多元离散因变量模型，以及同时包括离散和连续的混合模型等，并就相关模型的估计过程进行了分析，着重讨论了采用广义估计方程的方法对这类个体内相关，个体间独立的模型的估计。

从模拟结果和应用例子可以看出，离散面板数据动态因子模型具有较好的拟合效果，对于个体数较多的面板数据，采用因子模型能够降低数据维度，在处理大规模经济数据时，通过引入潜在因子能够体现经济变动中的某些共同影响因素，而不仅仅从每个个体进行分析。这尤其适用于研究经济体的发展趋势和变动方向预测。离散因变量模型由于因变量受到限制，更多地被应用于个体分析，本章采用因子模型的方法，将分析范围拓宽到整个经济体，具体的应用领域还值得进一步探索。

离散面板数据因子模型的未来研究将主要集中于三个方面：一是潜在因子的设定与估计；二是离散因变量的不同类型对估计方法选择估计结果的影响；三是研究估计结果的有效性以及探索对估计结果的检验方法。在潜在因子的设定和估计方面，还需要进一步研究潜在因子的生成方法，除了传统的主成分法外，极大似然法，还可以采用矩方法、非参数方法、贝叶斯方法等。离散因变量的类型除了本章主要研究的二元离散因变量外，还有众多类型的分类变量，如何在面板数据分析中采用多元离散因变量的估计方法，需要进一步研究。此处主要采用广义估计方程对因子模型进行估计，主要考虑到个体因子之间的相关性特征，由于因子内部的相关性不可避免，因子估计结果是否有效显得尤为重要。GEE 估计本质上是一种拟似然估计，因此经典模型选择准则被拟似然下的独立模型信息准则（QIC）代替，因子模型的检验和模型选择准则可以考虑在此基础上予以改进。

第六章　高维面板数据因子随机波动模型

第一节　引言

金融资产的收益率和波动性均存在序列相关性，而且其波动性还具有时变特征。随机波动模型（SV）与广义自回归条件异方差模型（GARCH）都能较好地刻画金融时间序列的相依性和波动聚集性。随机波动模型（SV）认为，资产收益率的随机波动性包含不可观测因素，而且上一期的波动性会对下一期的波动性造成影响，随机波动模型在处理高频数据时已实现波动性的较好表现。由于高频数据领域的研究发展比较迅速，尤其是对已实现波动性的深入研究，连续交易数据的特点不断得到体现，现代的随机波动研究大部分是围绕连续性数据展开的。在几何布朗运动过程的基础上，非高斯 OU 过程、时变 Levy 过程、马尔科夫转换过程等连续时间基础上的跳跃随机过程被大量应用于随机波动模型的分析当中。

Shephard（2005）将随机波动模型的发展划分成了两代：第一代是早期的随机波动模型是由几何布朗运动驱动的简单的随机微分方程。研究的重点是模型的估计和检验，提出了一系列的模型估计方法。第二代是 20 世纪 90 年代后期开始，随机波动模型在处理高频数据的已实现波动性预测和其他领域取得了大量进展。近年来，随机波动模型的研究除了传统的估计和检验外，更多地着眼于长记忆性、跳检验、扩散、微结构噪声等高频交易数据局部特征的刻画。尽管随机波动模型既能处理离散数据也能处理连续数据。

尽管随机波动模型第一次被谁提出还存在一定的争议（见 Shephard，2005），但随机波动模型最先被应用于离散时间模型分析却是不争的事实，因为早期关于金融高频数据无论是从获得手段，还是从分析意义上都显然不能与相对低频数据相提并论。一元随机波动模型研究起源于对时变布朗运动在金融计量经济学中的应用。Taylor（1982）由于将波动性聚类特征和时变波动性同时引入模型中而被大多数人认为是随机波动模型的早期开拓者之一。多元随机波动模型最早由 Harvey 等（1994）提出，虽然 Diebold 和 Nerlove（1989）的多元因子模型也采用了多重结构，但多元随机波动模型更加强调对多项金融资产的研究。多元随机波动模型除了需考虑由风险的反应不同产生的非对称性外，还需考虑多元资产共同影响，因此因子模型在多元随机波动模型的分析中占有重要地位。

Han（2006）和 Chib 等（2006）进一步研究了高维多元随机波动模型。其中的高维主要来自两个方面：一方面是指多元资产的个数较多，例如，几十项甚至是上百项金融资产；另一方面是指在多元随机波动模型中由于结构的复杂性导致有大量参数需要估计。在 Han 的研究中，包含 36 个收益率序列和 3 个因子的随机波动模型，需要估计的参数多达 222 个。在 Chib 等的模型中，如果资产个数为 50，因子个数为 8，那么待估参数将达到 688 个。显然，如此多的参数需要采用特别的方法来进行估计。在高维因子随机波动模型中，他们均采用了分块估计的方法，即先将需要估计的参数分成几组，通过对各组的估计降低计算的复杂性，最后基于 Gibbs 抽样和 M-H 算法对相关参数进行估计。

在随机波动项设定时必须考虑模型的误差成分的协方差结构。由于随机波动模型对误差成分的结构和协方差矩阵正定性及其组成元素的相关性都有要求，因此，协方差成分的设定必须遵循一定的规则。Tsay（2010）考虑采用 Cholesky 分解对协方差矩阵进行再参数化，他认为该方法有三方面的优点：一是协方差矩阵的正定性很容易得到满足；二是分解矩阵的每一个元素都有较好的解释意义；三是这样的分解能体现波动性的时变特征。由于这样的分解同样会产生高维问题，Lopes、McCulloch 和 Tsay（2012）提出了一种可行的估计 Cholesky 随机波动模型的方法。这种方法采用对多元随机误差项进行矩阵变换后，考虑到条件协方差矩阵的参数太多，不适合直接进行估计，故对其采用 Cholesky 分解后予以估计。虽然这些方法能简化随机误差成分的结构，但对于高维参数的处理，仍然需要考虑相应的估计方法。Kastner 等（2017）采用的 Efficient Bayesian 方法对因子随机波动模型进行估计，而且对高维数据在 26 维的汇率数据的分析中具有较好的效果。

一元随机波动模型研究单一资产收益率变动的影响因素，多元随机波动模型主要研究多项金融资产收益的变动。无论是一元随机波动模型还是多元随机波动模型，这些影响因素都认为是潜在的或者不可观测的，因此而引起的变动都被认为是自我驱动过程。实际上，资产价格变动的影响因素除了从波动性特征出发进行分析之外，还可以从外在影响因素进行分析。如 Fama 和 French（1992）的三因子模型以及 BARRA 公司所提出的 BARRA 因子模型等，都充分考虑了可观测因素对资产收益变动的影响。如果在多元随机波动模型中引入可观测因素，进一步研究可观测因素和不可观测因素对金融资产随机波动的影响，将会构成面板随机波动模型，如果其中包括不可直接观测的潜在因子，那么称为面板数据因子随机波动模型。这些影响因素可以包括行业（股票）平均收益交易量、成交金额等市场内因素，也可以包括宏观经济变量、行业发展水平等市场外因素。与多元随机波动模型相比较，面板随机波动模型考虑到大量可观测的市场内外因素，从而更加接近于应用实际。然而，随机波动模型有其固有的理论基础和现实意义，在加入可观测的影响因素以后，怎样解释模型的含义以及如何对模型进行估计，将会面临一系列问题。

面板数据随机波动模型是针对长面板数据建立的模型。这类模型数据的观测期一般比较长，模型的估计和检验方法与前面所提到的短面板有所不同。虽然采用估计方程方法和似然方法能够处理长期或短期面板数据的参数估计问题，但因为其中的潜在因子能够部分从估计方程中分离出来。在面板数据因子随机波动模型中，由于均值方程和波动方程需要同时进行估计，这时潜在因子的得出与因子方程的估计不能完全分开进行，所以需要引入新的参数估计方法。同时，面板随机波动模型的高维问题主要来自需要估计的参数个数较多，这与前面讨论的变量维数或个体维数较大既有相同点，也有许多新的问题需要解决，尤其是高维参数的联立估计问题。

面板数据随机波动模型同样需要考虑随机效应和固定效应在模型中的设定，

由于随机效应项可以在估计的过程中与模型的误差成分联合进行估计，所以本书将运用 Bai（2009）的思路探讨固定效应成分和因子分解部分的关系。为了解决高维参数的估计，借鉴 Chib 等（2006）的分块估计方法，提出解决面板因子模型的基于 FFBS 算法的计算过程。同时还将具体分析各部分参数的分层先验分布和后验分布之间的关系，并进一步给出具体的计算方法以实现对分块参数的联合估计。

本章主要研究面板数据因子随机波动模型的设定和估计以及高维参数的估计问题。接下来内容大致安排为：第二节是讨论因子面板随机波动模型的设定，包括均值方程、波动方程和因子方程，以及随机效应的体现；第三节是模型估计方法的探索，包括基于 MCMC 以及 FFBS 的联合估计的实现以及算法过程；第四节是模拟计算，检验所提出的估计方法的有效性；第五节对中国股票市场互联网金融类和传统金融类上市公司的可观测和不可观测影响因素进行对比分析；第六节给出一些结论及未来工作打算。

第二节　因子面板数据随机波动模型的设定

面板数据随机波动模型（PDSVM）中随机波动项的设定，与多元随机波动模型基本类似。由于一些与收益率的变动相关的因素作为模型的解释变量引入，对随机波动项的结构产生了一定的影响。此时如果采用乘积因子模型，既不利于模型变换，也很难从理论上得到很好的解释。所以，在面板数据因子随机波动模型中，主要考虑可加因子随机波动模型。同时假设可加因子部分与协变量之间相互独立。在面板随机效应模型和固定效应模型中，我们仅讨论一种情形，也就是仅讨论随机效应或仅讨论固定效应，同时假设这种单一效应既可以体现在时间上也可以同时体现在个体上。

一、面板数据随机波动模型

在金融资产配置或投资组合管理中，假设一个由 N 项金融资产构成的投资组合的超额对数收益率为：$\boldsymbol{r}_t=(r_{1t},\ r_{2t},\ \cdots,\ r_{Nt})'$，其中 $r_{it}(i=1,\ 2,\ \cdots,\ N;\ t=1,\ \cdots,\ T)$表示第 t 时期第 i 项金融资产的超额对数收益率。采用变系数面板数据随机效应模型反映可观测和不可观测的因子对金融资产收益率的影响。面板数据随机波动模型基本方程可以设定为：

$$r_{it}=\boldsymbol{\beta}'_i\boldsymbol{x}_{it}+\xi_i+\eta_t+u_{it} \tag{6-1}$$

其中，$\boldsymbol{x}_{it}$ 为可观测的影响金融资产收益率的因素，可以是金融市场内部因素，也可以是场外因素，$\boldsymbol{x}_{it}$ 表示 k 维向量，其中的 k 为影响因素的个数。ξ_i 和 η_t 分别表示个体和时间的随机效应。随机变量对 r_{it} 的剩余影响体现在误差成分项的设定中，我们主要研究个体效应。假设误差成分 u_{it} 在时间上均值 $\boldsymbol{\mu}_\varepsilon=E(\boldsymbol{u}_t)=\boldsymbol{0}$，条件协方差矩阵满足 $\sum_t=diag(\sigma^2_{1t},\ \cdots,\ \sigma^2_{Nt})$，且 $\sigma^2_{it}=\exp(h_{it})$。

进一步假设面板数据随机波动模型的波动方程为：

$$h_{it}=\alpha_{i0}+\alpha_{i1}h_{it-1}+v_{it} \tag{6-2}$$

其中，α_{i0} 表示标量，式（6-1）中 u_{it} 与 v_{it} 相互独立，并且都服从均值为 0，方差分别为 $\sigma^2_{i\xi}$ 和 $\sigma^2_{i\eta}$ 的正态分布。由于 h_{it} 经过了指数变换，用以满足方差协方差矩阵 $\sum_t$ 的正定性。为了同时满足时间序列的平稳性，假设回归参数 $|\alpha_{i1}|<1$，否则将引入相应变量的高阶滞后项。模型（6-1）和模型（6-2）构成了一个面板数据随机波动模型的基本形式。该模型通过对面板数据模型的个体效应和时间随机效应重新设定，简化了模型随机误差项的结构。

二、因子面板数据随机波动模型

面板数据随机波动模型（6-1）的协变量仅仅反映了可以观测的因素，这些因素既可以是市场内因素，也可以是市场外因素。如前面的分析，这些影响因素由面板数据模型的解释变量构成。对于不可观测因素，面板数据模型可以在三个部分得到体现：随机效应（固定效应）项、随机误差成分（随机波动项）、统计因子成分。我们在此所提及的因子面板数据随机波动模型（Factor PDSVM），主要考虑怎样用统计因子随机波动模型反映多元资产受共同冲击的影响，这种共同冲击用公因子来表示。在引入公因子后，得到因子面板随机波动模型：

$$r_{it}=\boldsymbol{\beta}'_i\boldsymbol{x}_{it}+\boldsymbol{\lambda}'_i\boldsymbol{f}_t+u_{it} \tag{6-3}$$

其中，随机误差成分的假设与模型（6-2）一致。在因子分解项 $\boldsymbol{\lambda}_i'\boldsymbol{f}_t$ 中，$\boldsymbol{\lambda}_i=(\lambda_{i1},\ \cdots,\ \lambda_{ip})'$表示因子载荷，$\boldsymbol{f}_t=(f_{1t},\ \cdots,\ f_{pt})'$表示公因子，公因子的个数为 p，且 $p<N$。

随机波动项 u_{it} 的条件协方差结构与面板数据随机波动模型（6-1）一致。为了体现公共因子的滞后效应，即某些共同冲击产生的持续衰减的影响，类似于 Jacquier 等（1995）、Lopes 和 Carvalho（2007）的因子多元随机波动模型。

进一步假设面板随机波动模型的公因子具有同样的随机波动演进：

$$f_{jt}=\exp(q_{jt}/2)\varepsilon_{jt} \qquad j=1,\ \cdots,\ p$$

$$q_{jt}=\varphi_{j0}+\varphi_{j1}q_{jt-1}+w_{jt} \tag{6-4}$$

其中，$\varepsilon_{jt}\sim N(0,\ 1)$，$w_{jt}\sim N(0,\ \sigma_w^2)$，并且这些误差项均相互独立。于是由式(6-4)，对给定的 q_{jt}，任意的 $j=1,\ \cdots,\ p$，均有 $E(f_{jt})=0$，$Var(f_{jt})=\exp(q_{jt})$。进一步地，对于公因子 $\boldsymbol{f}_t$ 有：$(\boldsymbol{f}_t \mid \boldsymbol{Q}_t)\sim N(\boldsymbol{0},\ \boldsymbol{Q}_t)$，其中，$\boldsymbol{Q}_t$ 为公因子 $\boldsymbol{f}_t$ 的方差协方差矩阵。这样对于条件方差项有 $\boldsymbol{Q}_t=diag(\exp(q_{1t}),\ \cdots,\ \exp(q_{pt}))$，其中的 q_{jt} 由式(6-4)的 $AR(1)$ 过程给出。为了保证状态过程式(6-4)所产生序列的平稳性，此处假设 $|\varphi_{j1}|<1$。

式（6-3）与式（6-2）、式（6-4）一起构成了因子面板数据随机波动模型。在进行因子分解时，由于对因子载荷和公因子施加了一些限制条件，因此面板数据因子随机波动模型的估计比一般的面板随机波动模型更为复杂。模型（6-2）~模型（6-4）的各个预测变量和潜在变量的估计需要同时进行，而且很难给出闭型解，在采用相关的迭代技术时，会产生许多附加参数，增加模型参数的估计难度。

在面板数据因子随机波动模型中，高维问题主要由于条件协方差矩阵和因子分解过程中待估参数较多。虽然采用统计因子能在资产个数 N 较大时起到一定的降维效果，但是从模型估计的角度来看，所产生的参数个数可能会远远大于资产个数。面板数据因子随机波动模型（6-3）中 $\boldsymbol{\beta}_i$ 是 k 维列向量，一共有 $k\times N$ 个协变量参数；$\boldsymbol{\lambda}_i$ 和 $\boldsymbol{f}_t$ 分别是 p 维列向量，由于时期数和个体数分别为 T 和 N，在施加识别约束的情况下，$\boldsymbol{\lambda}_i$ 和 $\boldsymbol{f}_t$ 分别有 $p(p-1)/2$ 和 $p(p+1)/2$ 个约束条件，$\boldsymbol{f}_t$ 为潜在因素，这样仍然有 $Np-(p^2+p)/2$ 个自由参数。模型(6-2)中 α_{i0} 和 α_{i1} 的个数等于金融资产的总个数 N。模型(6-4)中 φ_{j0} 和 φ_{j1} 都是关于 q_{jt} 的 $AR(1)$ 回归过程的系数，因此各有 p 个参数需要估计。这样在施加识别约束的情况下，整个面板数据因子随机波动模型(6-2)~模型(6-4)一共有 $kN+Np-(p^2+p)/2+2(N+p)$ 个参数需要估计，其中，$Np-(p^2+p)/2$ 个参数由因子分解决定。这样如果资产个数 $N=40$，解释变量个数 $k=3$，因子个数 $p=6$ 的金融资产组合而言，除去因子分解系数，估计的模型参数就有 431 个，这还不包括对随机误差项的要求。可见，高维问题可以产生于 k、N、T、p 中的任何一个。在下文的分析中，我们不仅要考虑怎样合理降低维度，还将考虑高维情形下模型参数的估计和计算问题。

由以上分析可知，我们考虑的面板随机波动模型与面板数据因子随机波动模型在形式上虽然有所区别，然而两者有着紧密的联系，在接下来的分析中，主要讨论面板数据因子随机波动模型。实际上，以下的很多结果也适用于对一般面板随机波动模型的分析。相对来说，对面板数据因子随机波动模型的研究更为复杂一些。尤其是模型中的高维参数的设定及其估计，需要采用相关的迭代算法和某些计算技术。

第三节　因子面板数据随机波动模型估计和计算过程

模型（6-3）是本书第四章提出的面板数据动态混合双因子模型的一种推广。对于模型（6-3）的均值方程，Bai（2009）在 Pesaran（2006），Coakley、Fuertes 和 Smith（2002）的基础上发展了面板数据固定效应模型的最小二乘法（LS）以及最小二乘虚拟变量（LSDV）估计量，并推导出估计量的一致性和渐进正态性等极限性质。类似的估计方法还可以采用 Ahn、Lee 和 Schmidt（2001）的广义矩方法（GMM）以及 Holtz-Eakin、Newey 和 Rosen（1988）的拟差分（QD）方法。Stock 和 Watson（2002）也曾采用非线性最小二乘法估计包含大量预测元（Predictors）的时间序列动态因子模型。

添加了波动方程（6-2）和方程（6-4）的随机波动模型的参数估计较为复杂。一方面，模型的似然函数较难给出，确切的分布形态未知；另一方面，模型（6-2）、模型（6-3）和模型（6-4）相互嵌套，这使在估计某个模型参数时，不可避免地还需要利用其他参数的估计结果。很难单独对某组参数进行估计，我们将采用基于 Gibbs 抽样和 M-H 算法的 MCMC 方法对模型进行估计。

一、预先处理

面板数据因子随机波动模型可观测信息可以分成两个组成部分：一部分来自协变量（解释变量）x_{it}；另一部分来自因变量（被解释变量）r_{it}。记可观测的历史记录组成的信息集为 $\mathscr{T}_{t-1}$，记所有待估参数 $\omega=(\boldsymbol{\beta}_i,\ \boldsymbol{\lambda}_i,\ \boldsymbol{f}_t,\ \alpha_{i0},\ \alpha_{i1},\ \varphi_{j0},\ \varphi_{j1})$，潜变量 $\psi=(h_{it},\ q_{jt})$，潜变量的条件密度函数记作 $p(\psi \mid \omega,\ \mathscr{T}_{t-1})$。在可观测变量 $\boldsymbol{x}_t=(\boldsymbol{x}_{1t},\ \cdots,\ \boldsymbol{x}_{Nt})$ 和 $\boldsymbol{r}_t=(r_{1t},\ \cdots,\ r_{Nt})$ 数据给定时，参数 ω 的条件似然函数为：

$$p(\boldsymbol{r}_t \mid \omega)=\prod_{t=1}^{T}\iint p(\boldsymbol{r}_t \mid \boldsymbol{h}_t,\ \boldsymbol{q}_t,\ \boldsymbol{\beta}_i,\ \boldsymbol{\lambda}_i,\ \boldsymbol{f}_t,\ \boldsymbol{x}_t)p(\psi \mid \omega,\ \mathscr{T}_{t-1})d\boldsymbol{h}_t d\boldsymbol{q}_t$$

$$=\prod_{t=1}^{T}\iint N(\boldsymbol{r}_t \mid \boldsymbol{\beta}'_i\boldsymbol{x}_{it}+\boldsymbol{\lambda}'_i\boldsymbol{f}_t,\ \boldsymbol{\Omega}_t)p(\psi \mid \omega,\ \mathscr{T}_{t-1})d\boldsymbol{h}_t d\boldsymbol{q}_t \qquad (6-5)$$

其中，$N(\cdot \mid \cdot)$ 表示多元正态分布，并且 $\boldsymbol{\beta}'_i\boldsymbol{x}_{it}+\boldsymbol{\lambda}'_i\boldsymbol{f}_t$ 为 $\boldsymbol{r}_t$ 的条件均值函数，$\boldsymbol{\Omega}_t$ 表示其边际条件协方差矩阵，可以表示为：

$$\boldsymbol{\Omega}_t=\boldsymbol{\Lambda}\boldsymbol{Q}_t\boldsymbol{\Lambda}'+\sum_t \qquad (6-6)$$

虽然存在多元正态分布的密度函数，但其积分并没有显式解，并且潜变量 ψ 的条件密度函数无法给出。式（6-5）所给出的似然函数无法求解。所以，面板数据因子随机波动模型很难用极大似然法进行估计。

为了能够对面板数据因子随机波动模型（6-2）~模型（6-4）进行估计，本书采用基于马尔科夫链蒙特卡洛模拟（MCMC）方法。这种方法通过构造非周期，不可约马氏链，通过随机模拟法得出目标参数的后验分布的不变分布。在满足给定条件下，对潜在变量和待估参数同时构建马氏链，如果将其联合后验分布表示为：

$$\pi(\boldsymbol{\beta}_i,\ \boldsymbol{\lambda}_i,\ \boldsymbol{f}_t,\ \alpha_{i0},\ \alpha_{i1},\ \varphi_{j0},\ \varphi_{j1},\ h_{it},\ q_{jt} \mid \boldsymbol{r}_t,\ \boldsymbol{x}_t) \qquad (6-7)$$

那么所有变量和参数的不变分布将是一个庞大的分布族，我们将采用合理的方法对这种大型分布族予以分解。在采用贝叶斯方法对参数进行估计时，将主要采用分层贝叶斯的方法，因此各个参数的分布形态以及分布参数先验信息和后验结果的设定对估计结果的有效性非常重要，同时还需要尽量考虑估计结果的一致性。由于模型中的潜变量都具有动态性，且 AR（1）方程（6-2）和方程（6-4）的结构相似。因此，潜在变量的动态相关性将采用动态线性模型（DLM）的处理方法进行估计。

鉴于多元随机波动模型的高维特点，Chib（2001）总结了基于 MCMC 技术的贝叶斯推断方法。Chib、Nardari 和 Shephard（2006）讨论了带跳跃的高维潜在因子随机波动模型的估计及模型比较问题。Han（2005）采用动态因子多元随机波动模型研究包含大量金融资产的投资组合的构建和风险控制，取得良好的预测效果。无论是高维多元随机波动模型还是面板随机波动模型，怎样对大量参数进行贝叶斯估计和潜在变量的同时处理都是棘手问题。Lopes、McCulloch 和 Tsay（2012）采用的是平行计算技术，也就是将多个资产的估计从递归条件回归中独立抽取出来，将全部资产分解成若干个较小的投资组合的合成，这样能够节省大量的运算时间，平行计算技术主要针对的是多元因子分解模型。对面板数据随机波动模型来说，各个解释变量之间具有相关关系，并且这种相关关系既体现在时间上，也体现在空间上。所以，对模型进行估计时不能忽略个体之间的截面相关关系。

在面板数据随机波动模型的贝叶斯估计中，为了提高运算速度，可以采用 Chib 等（2006）提出的“分块”（Blocking）的方法。也就是将马尔科夫链中各个待估参数和潜在变量分割成可以独立抽样的几个部分。这种分块方法并不是将各个参数独立进行估计，而是从该参数的先验信息和后验分布中设计蒙特卡洛模拟的抽样方法。包括分块策略、参数的分布形态、模拟算法等。

条件密度函数式（6-5）中的所有参数和潜在变量在进行抽样模拟时可以按照面板数据因子随机波动模型的三个方程分成三块进行讨论。模型（6-3）的参数和潜在变量($\boldsymbol{\beta}_i$，$\boldsymbol{\lambda}_i$，$\boldsymbol{f}_t$，h_{it}，q_{jt})，模型(6-2)中的(α_{i0}，α_{i1})及其随机项的均值与方差，模型(6-4)中的(φ_{j0}，φ_{j1})及其随机项的均值与方差估计。如果进一步细分，($\boldsymbol{\beta}_i$)、($\boldsymbol{\lambda}_i$)、($\boldsymbol{f}_t$，q_{jt})和(h_{it})又可以分块予以抽样。在对应的后验分布中，每一个参数或者潜变量的分布都必须予以考虑，在采用分层贝叶斯方法进行估计时，不仅要研究具体的分布形态，还要考虑与之对应的分布参数。在本书的研究中，对各个后验参数进行设定之后，主要讨论相关的算法实现。为了减少运算时间，在进行迭代计算时将按照协变量系数、因子分解和动态线性模型三步估计来设计相应的算法。这三个部分的关系见图 6-1 所给出的简化有向图模型（Directed Graphical Model，DGM）。

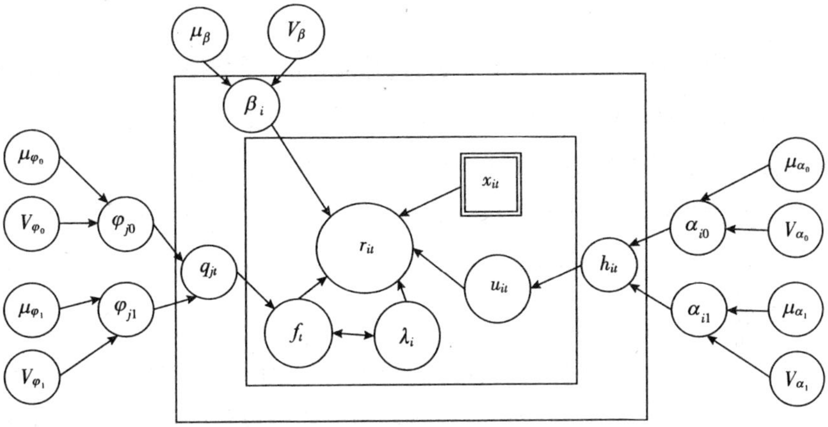

图 6-1　面板数据因子随机波动模型的逻辑结构有向图

二、潜变量及相关参数的后验分布设定

通过分块抽样对参数进行贝叶斯估计的关键问题是“块”（Block）的划分以及每块估计参数的后验分布的设定。在因子面板数据随机波动模型中，根据估计参数的类型和后验分布的不同，可将待估参数划分成四块：协变量系数 $\boldsymbol{\beta}_i$、因子载荷 $\boldsymbol{\lambda}_i$、公共因子 $\boldsymbol{f}_t$、随机波动演进（Evolution）中的潜变量 h_{it} 和 q_{jt}。这四块彼此之间存在相互影响，假设其他块的估计已经给定的情况下，可以讨论每一块的估计。这里主要给出各参数先验分布和后验分布的类型，详细的设定过程见方国斌和张波（2014）。

$\boldsymbol{\beta}_i$ 先验和后验分布设定。

假设各个个体之间不存在交互效应，此时 $\boldsymbol{\beta}_i$（$i=1, 2, \cdots, N$）的分层先验是从正态分布中独立抽取，其多元分布可设定为：

$$\boldsymbol{\beta}_i \sim N(\boldsymbol{\mu}_\beta, \boldsymbol{V}_\beta) \tag{6-8}$$

并且其均值和逆协方差矩阵的先验分布可以表示为：

$$\boldsymbol{\mu}_\beta \sim N(\underline{\boldsymbol{\mu}}_\beta, \underline{\sum}_\beta)$$

$$\boldsymbol{V}_\beta^{-1} \sim \boldsymbol{W}(\underline{\boldsymbol{\nu}}_\beta, \underline{\boldsymbol{V}}_\beta^{-1})$$

相应地，$\boldsymbol{\beta}_i$ 的后验分布形态以及对应的参数类型为：

$$\boldsymbol{\beta}_i \mid \boldsymbol{r}_t, \boldsymbol{M}, \boldsymbol{\mu}_\beta, \boldsymbol{V}_\beta \sim N(\overline{\boldsymbol{\beta}}_i, \overline{\boldsymbol{V}}_i) \tag{6-9}$$

其中，

$$\overline{\boldsymbol{V}}_i = (\boldsymbol{M}\boldsymbol{X}'_i\boldsymbol{X}_i + \boldsymbol{V}_\beta^{-1})^{-1}$$

并且，

$$\overline{\boldsymbol{\beta}}_i = \overline{\boldsymbol{V}}_i(\boldsymbol{M}\boldsymbol{X}'_i y_i + \boldsymbol{V}_\beta^{-1}\boldsymbol{\mu}_\beta)$$

其中，$\boldsymbol{M}$ 表示模型的误差精度，其设定将直接影响相关参数的估计。

$\boldsymbol{\lambda}_i$ 先验和后验分布设定。

假设因子载荷参数 $\boldsymbol{\lambda}_i$ 是一个下三角矩阵，为保证可识别性，令 $\boldsymbol{\lambda}_{ij}=0(i<j, i=1, \cdots, N; j=1, \cdots, p)$。对于面板数据因子随机波动模型，$\boldsymbol{\lambda}_{ij}$ 的先验分布可以设定为：

$$\boldsymbol{\lambda}_{ij} \sim N(0, \underline{C}), \ i>j$$

$$\boldsymbol{\lambda}_{ii} \sim N(0, \underline{C})\mathbf{1}(\lambda_{ii}>0), \ i=1, \cdots, p$$

其中，$\mathbf{1}(\cdot)$为示性函数。

当 $i \leqslant p$ 时，$\boldsymbol{\lambda}_i$ 后验分布为：

$$\boldsymbol{\lambda}_i \sim N(\overline{\boldsymbol{\mu}}_\lambda, \overline{\boldsymbol{C}}_\lambda)\mathbf{1}(\boldsymbol{\lambda}_{ii}>0) \tag{6-10}$$

当 $i>p$ 时，$\boldsymbol{\lambda}_i$ 后验分布为：

$$\boldsymbol{\lambda}_i \sim N(\overline{\boldsymbol{\mu}}_\lambda, \overline{\boldsymbol{C}}_\lambda) \tag{6-11}$$

需要注意的是，这里的因子载荷参数 $\boldsymbol{\lambda}_i$ 需要与以下的 $\boldsymbol{f}_t$ 进行联合设定，具体算法见附录五。

$\boldsymbol{f}_t$ 先验和后验分布设定。

公因子 $\boldsymbol{f}_t$ 与因子载荷 $\boldsymbol{\lambda}_i$ 的估计需要同时进行。不过，相比于因子载荷，公因子 $\boldsymbol{f}_t$ 的设定相对简单。面板数据因子随机波动模型中 $\boldsymbol{f}_t$ 的后验分布与固定效应参数以及波动方程有关，其条件密度函数 $\boldsymbol{f}_t \mid \boldsymbol{\beta}_i, \boldsymbol{\lambda}_i, \boldsymbol{r}_t, \boldsymbol{x}_t, \boldsymbol{h}_{it}, \boldsymbol{q}_{jt}$ 仍然服从

正态分布。在因子载荷的分布已经设定的情况下，假设 $\boldsymbol{f}_t$ 服从如下的 p 维正态分布：

$$\boldsymbol{f}_t \sim N(\boldsymbol{\mu}_f,\ \boldsymbol{V}_f) \tag{6-12}$$

结合因子载荷 $\boldsymbol{\lambda}_i$，公因子 $\boldsymbol{f}_t$ 的后验分布设定为：

$$\boldsymbol{f}_t \sim N(\boldsymbol{G}^{-1}\boldsymbol{\lambda}'_i \sum_*^{-1} \boldsymbol{r}_t,\ \boldsymbol{G}^{-1}) \tag{6-13}$$

其中，

$$\boldsymbol{G}^{-1} = \boldsymbol{I}_p + \boldsymbol{\lambda}'_i \sum_*^{-1} \boldsymbol{\lambda}_i$$

其中，Σ_* 由识别条件约束决定，即选择合适的 $\sum_*$ 使 $\boldsymbol{\lambda}'_i \sum_*^{-1} \boldsymbol{\lambda}_i = \boldsymbol{I}_p$。

$(\alpha_{i0},\ \alpha_{i1})$ 和 $(\varphi_{j0},\ \varphi_{j1})$ 后验分布设定。

对数误差波动向量 $\boldsymbol{h}_t$ 的条件分布为 N 维正态分布，可以设定为：

$$\boldsymbol{h}_t \mid \boldsymbol{h}_{t-1},\ \boldsymbol{\alpha}_0,\ \boldsymbol{\alpha}_1,\ \sum_\nu \sim N(\boldsymbol{\mu}_h,\ \boldsymbol{V}_h) \tag{6-14}$$

其中，$\sum_\nu$ 表示波动方程的方差-协方差矩阵，由于我们假设 $\sum_\nu$ 和 $\boldsymbol{V}_h$ 均为对角矩阵，即误差项之间与波动项之间不存在相关关系，所以波动方程可以简化为 N 个一元条件独立的自回归过程（Pitt 和 Shephard，1999；Migon、Gamerman、Lopes 和 Ferreira，2005），也就是分解成 N 个独立的动态线性模型（DLM）。如果将这些动态线性模型看作是演进过程，t 时刻的波动项 $\boldsymbol{h}_t$ 的先验、预报和后验条件分布可以分别表示为：

$$p(\boldsymbol{h}_t \mid \mathscr{T}_{t-1}) = \int p(\boldsymbol{h}_t \mid \boldsymbol{h}_{t-1})p(\boldsymbol{h}_{t-1} \mid \mathscr{T}_{t-1})d\boldsymbol{h}_{t-1}$$

$$p(\boldsymbol{r}_t \mid \mathscr{T}_{t-1}) = \int p(\boldsymbol{r}_t \mid \boldsymbol{h}_t)p(\boldsymbol{h}_t \mid \mathscr{T}_{t-1})d\boldsymbol{h}_t$$

$$p(\boldsymbol{h}_t \mid \mathscr{T}_t) \propto p(\boldsymbol{h}_t \mid \mathscr{T}_{t-1})p(\boldsymbol{r}_t \mid \mathscr{T}_{t-1})$$

此处的信息集 $\mathscr{T}_t$ 由数据集 $\{\boldsymbol{r}_t,\ \boldsymbol{x}_t\}$ 与衍生参数集 $\{\boldsymbol{\beta}_i,\ \boldsymbol{\lambda}_i,\ \boldsymbol{f}_t,\ \alpha_{i0},\ \alpha_{i1},\ \varphi_{j0},\ \varphi_{j1},\ h_{it},\ q_{jt}\}$ 共同构成，记作：

$$\mathscr{T}_t = \{\boldsymbol{\beta}_i,\ \boldsymbol{\lambda}_i,\ \boldsymbol{f}_t,\ \alpha_{i0},\ \alpha_{i1},\ \varphi_{j0},\ \varphi_{j1},\ h_{it},\ q_{jt},\ \boldsymbol{r}_t,\ \boldsymbol{x}_t\}$$

由于波动方程可以分解为 N 个独立组成成分，这样对数波动 h_{it} 的先验分布可以设定为：

$$h_{it} \sim N\ (\underline{\mu}_h,\ \underline{V}_h) \tag{6-15}$$

采用 Chib 等（2006）提出的块移动方法，对于面板数据因子随机波动模型，记作 $\boldsymbol{h}^T=(\boldsymbol{h}_1, \cdots, \boldsymbol{h}_T)'$，块移动方法进行抽样时包括系数块和对数波动块都需要进行后验条件分布的设定。

对于系数 $\boldsymbol{\alpha}_i$ 和波动方差 $\sigma_{i\eta}^2$，在给定先验分布式（6-15）后，对应的后验分布类型同样为正态—逆伽马分布，采用分层形式表示：

$$(\boldsymbol{\alpha}_i \mid \sigma_{i\eta}^2, \boldsymbol{r}_t, \boldsymbol{x}_t, \boldsymbol{h}^T) \sim N(\hat{\boldsymbol{\alpha}}_i, \sigma_{i\eta}^2 \bar{\boldsymbol{V}}_h) \tag{6-16}$$

$$(\sigma_{i\eta}^2 \mid \boldsymbol{r}_t, \boldsymbol{x}_t, \boldsymbol{h}^T) \sim IG(\bar{\nu}_h/2, \bar{\nu}_h \bar{s}_h^2/2) \tag{6-17}$$

式（6-14）所给出的 $\boldsymbol{h}_t$ 的先验分布和共轭后验分布之间的关系可以由贝叶斯规则给出。

三、联合参数的 MCMC 算法

为了便于设计相应的算法，我们将面板数据因子随机波动模型的参数分成几块来进行估计。根据模型的结构，主要分成三块：第一块是解释变量的系数，我们称为联合参数的估计；第二块是因子分解部分，包括公因子和因子载荷的估计；第三块是随机误差项及与之对应的随机波动方程。利用贝叶斯估计的最大好处就是，我们可以通过 MCMC 不断修正相关信息。

方程（6-8）~方程（6-11）提供了解释变量的系数分层后验分布的设定原则。为了采用 Gibbs 抽样和 Metropolis-Hastings 算法对联合参数 $\boldsymbol{\beta}_i$ 进行估计，必须对包括因子分解在内的误差精度做出某些假设。由于下面我们将进一步设计因子分解和误差项两块的算法，因此，关于误差精度的假设和联合参数 $\boldsymbol{\beta}_i$ 的估计关系密切。

前面已经假设面板数据随机波动模型的误差项（包括因子分解部分）的方差协方差矩阵为 $\boldsymbol{M}^{-1}\boldsymbol{I}_T$，由于随机波动模型的误差项不仅包含异方差性，还包括序列相关特征。为便于对联合参数 $\boldsymbol{\beta}_i$ 予以估计，结合 Basu 和 Chib（2003）以及 Chib 和 Greenberg（1994），在存在个体异方差与时间相关性的前提下，进一步假设方差-协方差矩阵为 $\sigma_i^2 \vartheta_i^{-1} \boldsymbol{I}_N$，其中，$\sigma_i^2$ 由以下分层形式给出：

$$\sigma_i^2 \mid \delta_\sigma \sim IG\left(\frac{\nu_\sigma}{2}, \frac{\delta_\sigma}{2}\right)$$

$$\delta_\sigma \sim G\left(\frac{\nu_{\sigma 0}}{2}, \frac{\delta_{\sigma 0}}{2}\right)$$

其中，σ_i^2 和 δ_σ 分别服从逆 Gamma 和 Gamma 分布，δ_σ 的参数和 ν_σ 以及如下的 $\boldsymbol{\nu}_\vartheta$ 均为标度常数。假设 ϑ_i 的分布为：

$$\vartheta_i \sim G\left(\frac{\nu_\vartheta}{2}, \frac{\nu_\vartheta}{2}\right)$$

协方差矩阵较好地体现了误差项异方差性。序列相关性还受波动方程的参数（α_{i0}，α_{i1}）和（φ_{j0}，φ_{j1}）共同决定，将这组决定自相关性的参数记作 φ。相关算法于是可以用如下五步抽样决定：

第一步：

$$\boldsymbol{\beta}_i \mid \boldsymbol{r}_t, \{\sigma_i\}, \{\vartheta_i\}, \phi \sim N(\boldsymbol{\beta}_i, \boldsymbol{V}_i) \tag{6-18}$$

第二步：

$$\vartheta_i \mid \boldsymbol{r}_t, \{\sigma_i\}, \boldsymbol{\beta}_i, \phi \sim G\left(\frac{\nu_\vartheta+N}{2}, \frac{\nu_\vartheta+\nu}{2}\right)$$

第三步：

$$\sigma_i \mid \boldsymbol{r}_t, \boldsymbol{\beta}_i, \{\vartheta_i\}, \phi \sim IG\left(\frac{\nu_\vartheta+N}{2}, \frac{\delta_\vartheta+\delta}{2}\right)$$

第四步：

$$\phi \mid \boldsymbol{r}_t, \{\sigma_i\}, \{\vartheta_i\}, \boldsymbol{\beta}_i \propto \pi(\phi)\prod_{i=1}^{N} N(\boldsymbol{r}_i \mid \boldsymbol{\beta}_i'\boldsymbol{x}_i + \boldsymbol{\lambda}_i'\boldsymbol{f}, \sigma_i^2\vartheta_i^{-1}\boldsymbol{I}_N)$$

第五步：采用 Gibbs 抽样和 M-H 算法进行迭代，直至收敛。

其中，

$$\nu = \sigma_i^{-2}\ (\boldsymbol{r}_i-\boldsymbol{\beta}'_i\boldsymbol{x}_i-\boldsymbol{\lambda}'_i\boldsymbol{f})'\ (\boldsymbol{r}_i-\boldsymbol{\beta}_i'\boldsymbol{x}_i-\boldsymbol{\lambda}_i'\boldsymbol{f})$$

$$\delta = \sum_{i=1}^{N}\vartheta_i(\boldsymbol{r}_i - \boldsymbol{\beta}'_i\boldsymbol{x}_i - \boldsymbol{\lambda}_i'\boldsymbol{f})'(\boldsymbol{r}_i - \boldsymbol{\beta}_i'\boldsymbol{x}_i - \boldsymbol{\lambda}_i'\boldsymbol{f})$$

并且 π（ϕ）的条件密度函数近似服从多元 t 分布：

$$\pi(\phi \mid r_t, \{\sigma_i\}, \{\vartheta_i\}, \boldsymbol{\beta}_i) = t(\hat{\phi}, \boldsymbol{V}_\phi, \boldsymbol{\nu}_\phi)$$

其中，$\hat{\phi}$、$\boldsymbol{V}_\phi$、$\boldsymbol{\nu}_\phi$ 分别为位置（向量）参数、规模（矩阵）参数和自由度。自由度 $\boldsymbol{\nu}_\phi$ 可以设定为任意大于 1 的常数，另外两个参数 $\boldsymbol{V}_\phi$ 和 $\boldsymbol{\nu}_\phi$ 本书中还将采用本章第三节的前向滤波倒向抽样（FFBS）算法予以估计。

在联合参数$\boldsymbol{\beta}_i$的MCMC算法中，反映异方差的参数σ_i和自相关参数ϕ和ϑ_i与因子分解结果以及波动方程的设置有关，所以对于这些参数在采用M-H算法时需要结合波动方程与因子分解结果进行迭代。这是面板数据因子随机波动模型与个体随机效应面板数据模型参数估计时的主要区别。

四、因子分解的MCMC算法

因子载荷与公因子（因子得分）的后验分布都设定为正态分布。运用贝叶斯规则对相关参数进行估计时，采用Gibbs抽样器对待估参数进行抽样。其中因子载荷$\boldsymbol{\lambda}_i$的抽样密度为：

$$
\begin{aligned}
\pi(\boldsymbol{\lambda}_i \mid \boldsymbol{r}_t, \boldsymbol{x}_t, \boldsymbol{\beta}_i, \boldsymbol{f}_t, h_{it}, q_{jt}) &\propto p(\boldsymbol{\lambda}_i)\prod_{t=1}^{T} p(\boldsymbol{r}_t \mid \boldsymbol{\lambda}_i, \boldsymbol{\beta}, \boldsymbol{f}_t, h_{it}, q_{jt}) \\
&\propto p(\boldsymbol{\lambda}_i)\prod_{t=1}^{T} N(\boldsymbol{\beta}'\boldsymbol{x}_t, \boldsymbol{\Omega}_t)
\end{aligned}
$$

其中，$\boldsymbol{\Omega}_t=\boldsymbol{\Lambda}\boldsymbol{Q}_t\boldsymbol{\Lambda}'+\sum_t$由式（6-6）给出，并且$\sum_t=diag$（$\sigma_{1t}^2$，…，$\sigma_{Nt}^2$）。由于公因子的分解可以与联合参数的估计同时进行。于是$\boldsymbol{r}_t-\hat{\boldsymbol{\beta}}'\boldsymbol{x}_t$的剩余部分包括因子分解项与随机波动项。在施加识别约束后，因子载荷$\boldsymbol{\lambda}_i$共有$Np+p$（$1-p$）/2个，在参数估计过程中，尤其是当个体数较多时，这是一个相当高维的问题。设定因子载荷自由元素的备选密度时，Chib、Nardari和Shephard（2006）提出采用多元t分布作为p（$\boldsymbol{\lambda}_i$）的近似分布，这样较正态分布的参数估计简单一些，更容易处理高维问题。面板因子随机波动的因子载荷阵元素的估计主要应该考虑固定效应部分对参数设定的影响，如果假设因子载荷$\boldsymbol{\lambda}_i$服从多元t分布：

$T(\boldsymbol{\lambda}_i \mid s, \sqsupset, \upsilon)$

记$\ell=\log\{\prod_{t=1}^{T}N$（$\boldsymbol{\beta}'\boldsymbol{x}_t$，$\boldsymbol{\Omega}_t$）$\}$，多元$t$分布的位置参数$s$一般由多元密度的对数$\ell$的经验近似或者众数得出；自由度$\upsilon$可以设定为任意常数；规模参数$\sqsupset$为$\ell$的二阶导数的逆的负数，即$\frac{-\partial^2\ell}{\partial^2\boldsymbol{\lambda}_i}$。从理论上分析，采用多元$t$分布较好地近似多元正态分布，便于设计相关的算法。但在s和$\sqsupset$的计算过程中要采用Newton-Raphson算法。在处理较高维问题时，同样会增加运算时间。本书中因子载荷的MCMC算法假设$\boldsymbol{\lambda}_i$服从多元正态分布，由于M-H算法不要求其跳分布具备对称性，多元 t 分布则被用于 M-H 算法的跳分布。

公因子 $\boldsymbol{f}_t$ 的估计过程与因子载荷密切相关。由于两者具有乘积关系，并且因子随机波动模型的因子分解过程体现的是影响被解释变量的不可观测因素，这一步必须基于联合参数的估计，而且必须考虑波动方程对随机误差项的设定的影响。因子分解的特质性方差部分 σ_λ^2 实际上是随机波动项的滤波。

当 $i \leqslant p$ 时，因子载荷阵的自由元素 λ_{ij} 和相应公因子（得分）的算法可以用如下五步抽样决定：

第一步：

$$\boldsymbol{\lambda}_i \mid \boldsymbol{r}_t,\ \boldsymbol{x}_t,\ \boldsymbol{\beta}_i,\ \boldsymbol{f}_t,\ \sigma_\lambda \sim N(\boldsymbol{\mu}_\lambda,\ \boldsymbol{C}_\lambda)\mathbf{1}(\boldsymbol{\lambda}_{ii}>0) \tag{6-19}$$

第二步：

$$\sigma_\lambda \mid \boldsymbol{\lambda}_i,\ \boldsymbol{r}_t,\ \boldsymbol{x}_t,\ \boldsymbol{\beta}_i,\ \boldsymbol{f}_t \sim IG\left(\frac{\nu_\lambda+T}{2},\ \frac{\nu_\lambda s^2+\delta_\lambda}{2}\right)$$

第三步：采用 M-H 算法，构造马尔科夫链，从设定参数的多元正态分布或者近似的多元 t 分布中抽取载荷的自由元素，假设为 $\boldsymbol{\lambda}_i^*$，当前值为 $\boldsymbol{\lambda}_i^{t-1}$，按照如下的规则进行抉择：

$$p(\boldsymbol{\lambda}_i^{t-1},\ \boldsymbol{\lambda}_i^* \mid \boldsymbol{r}_t,\ \boldsymbol{x}_t,\ \boldsymbol{\beta}_i,\ \boldsymbol{f}_t,\ \sigma_\lambda)$$

$$= \min\left\{1,\ \frac{p(\boldsymbol{\lambda}_i^*)\prod_{t=1}^{T} N(\boldsymbol{\beta}'\boldsymbol{x}_t,\ \boldsymbol{\Lambda}^*\boldsymbol{Q}_t\boldsymbol{\Lambda}^{*'} + \sum_t^*)T(\boldsymbol{\lambda}_i^{t-1} \mid s,\ \sqsupset,\ \upsilon)}{p(\boldsymbol{\lambda}_i^{t-1})\prod_{t=1}^{T} N(\boldsymbol{\beta}'\boldsymbol{x}_t,\ \boldsymbol{\Lambda}\boldsymbol{Q}_t\boldsymbol{\Lambda}' + \sum_t^*)T(\boldsymbol{\lambda}_i^* \mid s,\ \sqsupset,\ \upsilon)}\right\}$$

按照以上概率抽取新的自由元素 $\boldsymbol{\lambda}_i^*$，如果该值被拒绝，那么接受当前值 $\boldsymbol{\lambda}_i^{t-1}$ 作为马尔科夫链的节点元素，进行迭代，直至得到每一个 λ_{ij} 的平稳分布。

第四步：根据因子分解的乘积形式，公因子从如下给定的分布中抽样：

$$\boldsymbol{f}_t \sim N(\boldsymbol{G}^{-1}\boldsymbol{\lambda}'_i \sum_*^{-1} \boldsymbol{r}_t,\ \boldsymbol{G}^{-1}) \tag{6-20}$$

第五步：进行循环迭代，直至收敛。

当 $i>p$ 时，类似地可以设定因子载荷 $\boldsymbol{\lambda}_i$ 和公因子 $\boldsymbol{f}_t$ 的抽样算法。与 $i \leqslant p$ 时相比，此时因子载荷的抽样分布的维度不同。对于高维因子模型而言，因子分解的维度与高维降维的目的有关系。本书中主要考虑的是对个体数的降维，所以怎样把多个个体的维度降到合适的 p 个公因子和 p 维因子载荷，不仅与公因子个数选择的客观准则有关，还与实际问题紧密联系。同时公因子的个数选择对相关算法所得的结果也有影响。

五、动态波动方程的 FFBS 估计

面板数据因子随机波动模型包括两个波动方程：因子波动方程和误差波动方程。与大多数多元随机波动模型的设定不同，这两个波动方程的随机干扰项都假设无个体相关性，故没有写成两个独立分量的乘积形式。在不考虑杠杆效应和跳跃的随机波动模型中，将波动方程可以看作是状态空间方程。前面已经将对数 χ^2 分布转化为 7 个独立成分的正态分布，这样波动方程就可以看作是某种 Gauss 状态空间模型。状态空间模型的 Kalman 滤波算法能够较好地用于一步向前预测。在此，我们主要考虑 Carter 和 Kohn（1994）提出的 Gibbs 抽样算法以及 Fruhwirth-Schnatter（1994）的前向滤波倒向抽样方法（FFBS）。两个波动方程在形式上都为波动项的 AR（1）过程，为了能够实现两者的联合估计，将模型（6-2）~模型（6-4）做一些形式上的处理。主要体现在两个方面：一是模型的联合参数估计由本章第三节的式（6-18）给出以后，可以将模型（6-3）右端项可观测的固定设计部分 $\hat{\boldsymbol{\beta}}'_i\boldsymbol{x}_{it}$ 移到模型左端，并进行对数变化；二是将模型（6-2）和式（6-3）合并成一个模型，为了表示其来源不同，前 N 个表示误差波动项，后 p 个表示因子波动项。并且令 $\boldsymbol{h}^*_{t-1}=(\mathbf{1},\ \boldsymbol{h}_{t-1})$，$\boldsymbol{h}_t=(h_{1t},\ \cdots,\ h_{Mt})'$ 为 $N+p$ 维向量。于是有：

$$\boldsymbol{z}_t=\boldsymbol{c}_t+\boldsymbol{b}_i\boldsymbol{h}_t+\boldsymbol{e}_t \tag{6-21}$$

$$\boldsymbol{h}_t=\boldsymbol{\alpha}\boldsymbol{h}^*_{t-1}+\boldsymbol{\nu}_t \tag{6-22}$$

其中，式（6-21）为式（6-3）的变换，式（6-22）由式（6-2）和式（6-4）合并而成。$\boldsymbol{c}_t$ 为漂移项，使 $E(\boldsymbol{e}_t)=\mathbf{0}$。由 Chib 等（2002）的七成分分解，有 $\boldsymbol{e}_t\sim N(\mathbf{0},\ \sum_e)$。在波动方程（6-22）中，动态系数 $\boldsymbol{\alpha}=(\alpha_{i0},\ \alpha_{i1})'\mathbf{1}_{i\leqslant N}+(\varphi_{i0},\ \varphi_{i1})'\mathbf{1}_{N<i\leqslant N+p}$，$\boldsymbol{\nu}_t\sim N(\mathbf{0},\ \sum_\nu)$。

模型（6-21）和模型（6-22）将因子面板随机波动方程转换成了特殊的 Gauss 动态线性模型。除了可观测部分 z_t 外，我们主要通过粒子滤波算法对波动系数 $\boldsymbol{\alpha}$ 进行估计，从而对潜在变量 $\boldsymbol{h}_t$ 予以外推预测。采用 FFBS 的块抽样算法需

要构造马尔科夫链，从某个设定好的块中抽取离散的样本值获得。记 $\mathscr{T}_t=\mathscr{T}_{t-1}\cup\{z_t\}$ 为直到 $t-1$ 时刻的信息集加上 t 时刻解释变量和被解释变量的观测值，这些值一般都是可以观测的。$\boldsymbol{I}_t$ 为 t 时刻可观测和不可观测的所有信息。在给定其他参数和样本数据的情况下，记 $\boldsymbol{h}$ 为隐含波动块，其后验联合完全条件分布为 $\pi(\boldsymbol{h}_e \mid \Sigma, \sum_\nu, \boldsymbol{I}_T)$，条件分布的特征可以通过潜在变量的波动方程和生成过程给出：

$$\pi(\boldsymbol{h}\mid \sum_e, \sum_\nu, \boldsymbol{I}_T)=p(\boldsymbol{h}_T\mid \sum_e, \sum_\nu, \boldsymbol{I}_T)\prod_{t=1}^{T}p(\boldsymbol{h}_t\mid \boldsymbol{h}_{t+1}, \sum_e, \sum_\nu, \mathscr{T}_t) \tag{6-23}$$

即隐含波动块的联合分布由 T 时刻的条件分布确定。于是可以将条件分布刻画为：

$$\begin{aligned}p(\boldsymbol{h}\mid \sum_e, \sum_\nu, \mathscr{T}_T)&=p(\boldsymbol{h}_2, \cdots, \boldsymbol{h}_T\mid \sum_e, \sum_\nu, \mathscr{T}_T)=p(\boldsymbol{h}_T\mid \sum_e,\\&\sum_\nu, \mathscr{T}_T)p(\boldsymbol{h}_{T-1}\mid \boldsymbol{h}_T, \sum_e, \sum_\nu, \mathscr{T}_T)\cdots p(\boldsymbol{h}_1\mid \boldsymbol{h}_2, \cdots, h_T, \sum_e,\\&\sum_\nu, \mathscr{T}_T)=p(\boldsymbol{h}_T\mid \sum_e, \sum_\nu, \mathscr{T}_T)p(\boldsymbol{h}_{T-1}\mid \boldsymbol{h}_T, \sum_e,\\&\sum_\nu, \mathscr{T}_T)\cdots p(\boldsymbol{h}_1\mid \boldsymbol{h}_2, \sum_e, \sum_\nu, \mathscr{T}_T)\end{aligned} \tag{6-24}$$

式（6-24）的最后一步由马尔科夫链的后向性质得到，此时 $\boldsymbol{h}_t$ 条件于 $\boldsymbol{h}_{t+1}$ 独立于 $\boldsymbol{h}_{t+j}$，$j>1$。

由贝叶斯公式，在式（6-24）中（$\boldsymbol{h}_t\mid \boldsymbol{h}_{t+1}, \sum_e, \sum_\nu, \mathscr{T}_t$）的分布可以由条件转移概率密度 $p(\boldsymbol{h}_{t+1}\mid \boldsymbol{h}_t, \sum_e, \sum_\nu, \mathscr{T}_t)$ 和条件概率密度 $p(\boldsymbol{h}_t\mid \sum_e, \sum_\nu, \mathscr{T}_t)$ 得到，设 $E(\boldsymbol{h}_t\mid \mathscr{T}_T)=\boldsymbol{m}_t$，$Var(\boldsymbol{h}_t\mid \mathscr{T}_T)=\boldsymbol{D}_t$ 而且满足

$$(\boldsymbol{h}_t\mid \boldsymbol{h}_{t+1}, \sum_e, \sum_\nu, \mathscr{T}_t)\sim N(\boldsymbol{\mu}_h^*, \boldsymbol{V}_h^*) \tag{6-25}$$

其中，

$$\boldsymbol{\mu}_h^*=(\boldsymbol{\alpha}'\sum_\nu^{-1}\boldsymbol{\alpha}+\boldsymbol{m}_t^{-1})^{-1}(\boldsymbol{\alpha}'\sum_\nu^{-1}\boldsymbol{h}_{t+1}+\boldsymbol{D}_t)$$

$$\boldsymbol{V}_h^*=(\boldsymbol{\alpha}'\sum_\nu^{-1}\boldsymbol{\alpha}+\boldsymbol{m}_t^{-1})^{-1}$$

$\boldsymbol{h}_t$ 的完全条件抽样由时间上的后向抽样与前向 Kalman 滤波两步组成。（$\boldsymbol{h}_t\mid \mathscr{T}_T$）服从正态分布，由 Kalman 滤波算法，可以得到（$\boldsymbol{h}_t\mid \mathscr{T}_T$）的均值 $\boldsymbol{m}_t$ 和方差

$\boldsymbol{D}_t$ 的估计值。对于马尔科夫链（$\boldsymbol{h}_{t-1} \mid \boldsymbol{h}_t$），由 $\boldsymbol{h}_{t-1}$ 与 $\boldsymbol{I}_t$ 相互独立，有：

$$p(\boldsymbol{h}_{t-1} \mid \boldsymbol{h}_t, \sum_e, \sum_\nu, \mathscr{T}_t) = p(h_{t-1} \mid h_t, \sum_e, \sum_\nu, \mathscr{T}_{t-1})$$

这样 p（$\boldsymbol{h}_{t-1} \mid \boldsymbol{h}_t, \sum_e, \sum_\nu, \mathscr{T}_t$）可以从信息集 $\mathscr{T}_{t-1}$ 中根据均值方程和波动方程进行抽样，通过构造马氏链对隐含波动块 $\boldsymbol{h}$ 进行抽样。面板数据因子随机波动模型的隐含波动块 $\boldsymbol{h}_t$ 的抽样算法可以用多元 FFBS 表示为：

(1) 从条件概率密度 $p(\boldsymbol{h}_t \mid \sum_e, \sum_\nu, \mathscr{T}_t)$ 中运用 Kalman 滤波对 $\boldsymbol{h}_t$ 进行过滤，得到 $\boldsymbol{h}_t$ 的一系列分布参数和分布密度($t=1, \cdots, T-1$)。

(2) 从边际密度式(6-25)所给出的分布中抽取状态向量的当前更新值 h_t。

(3) 从条件概率密度 $p(\boldsymbol{h}_{t-1} \mid \boldsymbol{h}_t, \sum_e, \sum_\nu, \mathscr{T}_{t-1})$ 通过后向抽样 $\boldsymbol{h}_{t-1}$，返回第(2)步直至 $t=1$，完成后向抽样过程。

FFBS 方法包括前向滤波和后向抽样两个步骤。根据以上算法可以充分利用 t 时刻以前的信息对 $\boldsymbol{h}_t$ 进行预报，由于不可观测的波动项 $\boldsymbol{h}_t$ 存在序列相关性，所以这种两步算法所得到的估计结果更为有效。采用多元抽样算法还有利于反映个体之间的相关性，可以同时考虑面板数据的序列和横截面的二元相关特征。在多元 FFBS 中，潜变量 $\boldsymbol{h}_t$ 的条件概率密度和边际概率密度都满足多元正态分布，在对多个个体的波动方程进行联合估计时，个体之间的相关性体现在式（6-22）所给出的多元正态分布的参数中。

第四节　数值模拟

FPDSVM 的估计是一个联合估计过程。本书提出的三块估计方法主要是因为各个成分结构特点不同，因此当确定后验分布和设定 MCMC 算法时，将整个模型划分成联合参数、因子分解和波动方程三块进行设定。在实际估计过程中，这三部分不能完全分割。因为可观测因素对被解释变量的影响大小可以通过对应系数的估计结果予以判断。不可观测的因素中因子分解的结果会直接影响不可观测的随机波动因素，所以因子分解过程应该与波动方程的估计相结合。为了验证以上设计的联合估计方法的有效性。首先考虑不可观测因素的影响，其次加入可测因素以后对均值方程进行估计。

在模拟研究中，从模型的拟合方法和效率出发，主要讨论四个方面的问题，包括估计精度、估计结果的稳健性、先验分布和初始值选取对估计结果的影响。具体的应用例子将在下一节予以分析。在模拟研究中，构建一组接近于实际应用问题的模型。假定一项大规模金融资产的投资组合，包括 20~40 项金融资产。影响金融资产价格变动的不仅包括可观测因素，还有不可观测因素。为了研究基于 MCMC 的联合估计的估计效率，按照模型（6-2）~模型（6-4）设计数据生成过程。面板数据因子随机波动模型的高维特征由个体数 N、时期长度 T、协变量个数 k，以及公因子个数 p 共同决定。在进行模拟研究时，设计八个不同的模型来分析这些数字的变化对模型估计结果的影响，具体的模型维度见表 6-1。

由于估计参数的高维特征，被解释变量 r_{it} 的生成过程由这些参数决定。在个体数、时期数、协变量和公因子个数设定好之后，需要随机生成的参数或数据集包括因子载荷矩阵 λ 的每一个自由元素 $\boldsymbol{\lambda}_{ij}$、协变量 $\boldsymbol{x}_{it}=(1, \cdots, x_{kit})$ 的取值、协变量系数 $\boldsymbol{\beta}'_i=(\beta_{i1}, \cdots, \beta_{ik})$、因子波动系数（$\alpha_{i0}$，$\alpha_{i1}$）、随机波动系数（$\varphi_{j0}$，$\varphi_{j1}$）、随机误差项 v_{it} 和 w_{jt}。除了模型设定时考虑的相关关系外，假设这些参数之间相互独立。

表 6-1　模拟数据集的维度设置

模型	N	k	p	T	参数个数	模型	N	k	p	T	参数个数
M1	10	3	3	200	80	M5	10	4	4	200	98
M2	20	3	3	200	160	M6	20	4	4	200	198
M3	10	3	3	400	80	M7	40	4	4	400	398
M4	20	3	3	400	160	M8	40	4	6	1000	471

由表 6-1 可知，各个 DGP（数据生成过程）的基本参数设定如下：

（1）$\boldsymbol{x}_{it}$(除了常数项外，共包括 $k-1$ 个变量)：除常数项外，可观测因素 x_{2it}，…，x_{kit} 均假设来自不同的正态分布。假设第 a 个解释变量 x_{ait} 由均值为 $2a$、方差为 $2^a(a=2, \cdots, k)$ 的正态分布过程生成。

(2)$\boldsymbol{\beta}'_i$：由于本书讨论的是个体随机效应模型，所以每个解释变量的系数随着个体而变化。假设对第 i 个个体，其系数 β_{i2}，…，β_{ik} 从正态分布得到，为了讨论的方便，其均值和方差假设为 0.06 和 0.009。

(3)λ_{ij}：对任意的 $i=1, 2, \cdots, N$；$j=1, 2, \cdots, p$，均假设 $\lambda_{ij} \sim N(0.8, 0.1)$。

(4)$(\alpha_{i0}, \alpha_{i1})$：对任意的 $i=1, 2, \cdots, N$，都有 $\alpha_{i0} \sim N(0.08, 0.01)$，$\alpha_{i1}$ 来自均值为 0.85、方差为 0.25 的重标度(rescaled) Beta 分布。

(5)$(\varphi_{j0}, \varphi_{j1})$：对任意的 $j=1, 2, \cdots, p$，都有 $\varphi_{j0} \sim N(0.09, 0.01)$，$\varphi_{j1}$ 来自均值为 0.95、方差为 0.3 的重标度 Beta 分布。

(6)v_{it}：假设来自标准正态分布 $N(0, 1)$，这样误差项为白噪声。

(7)w_{jt}：假设来自标准正态分布 $N(0, 1)$，此时误差项为白噪声。

要想从模型(6-2)~模型(6-4)的 DGP 得到被解释变量 r_{it} 的生成值，还必须设定状态变量和转移参数的初始值。

(8)h_{it-1}：设定初始值为 0.0。

(9)q_{jt-1}：设定初始值为 0.0。

随机波动项和因子波动项的生成过程不仅依赖于波动方程(6-2)和方程(6-3)所生成的 h_{it} 和 q_{jt}，还与其分层形式有关。

(10)u_{it}：根据随机误差项的设置，有 $u_{it}=\exp(h_{it}/2)\eta_{it}$，其中 $\eta_{it} \sim N(0, 1)$。

(11)$\boldsymbol{f}_t$：因子波动由 $f_{jt}=\exp(q_{jt}/2)\varepsilon_{jt}$ 产生，其中 $\varepsilon_{jt} \sim N(0, 1)$。

从 DGP 的步骤(1)~步骤(11)，可以获得 N 个长度为 T 的多元时间序列 $\{r_{it}\}$。我们的目的是建立面板数据因子随机波动模型，通过前面设计好的算法对模型进行估计，验证估计效率和拟合效果。高维因子模型的贝叶斯估计还需考虑先验分布。假设各先验分布参数相互独立，为了提高拟合效果，先验分布的基本设定如下：联合参数 $\beta_{ij} \sim N(0.02, 0.04)$，这里不考虑按列抽样和按行抽样的区别；因子载荷的自由元素 $\lambda_{ij} \sim N(0.9, 0.1)$；$\alpha_{i0}$ 和 φ_{j0} 设定为 $N(-0.04, 0.01)$。根据 Chib 等(2006)的分析，设 $\alpha_{i1}=2\alpha_{i1}^*-1$，$\varphi_{j1}=2\varphi_{j1}^*-1$，其中，$\alpha_{i1}^* \sim Beta(0.85, 0.2)$，$\varphi_{j1}^* \sim Beta(0.9, 0.25)$。如果存在自由度问题，均假设其自由度来自格子点(7、10、13、16、19、22、25、30)的均匀分布。其他参数根据模型(6-2)~模型(6-3)估计需要设定。

在进行估计的过程中，必须考虑怎样将因子分解、FFBS 算法和联合参数估计三个步骤结合起来，充分考虑各个方程组估计过程中的相互影响。由于因子分解过程仅仅是对不可观测因素的深入分析，而 FFBS 算法考虑到了潜变量的生成过程，滤波过程在进行前向预报时与因子分解过程密切相关，潜在波动项 h_{it} 和因子波动项 q_{jt} 的生成与联合参数的估计也具有相互嵌套的关系。为了明确这三者的关系，在此按照先处理可观测的因素，后处理不可观测因素；先进行成分分解，后进行动态线性模型估计的步骤进行。由于考虑的因素较多，导致模型估计结果比较复杂，在此仅仅报告能刻画被解释变量波动特征的估计结果和解释变量的系数估计情况。在运算过程中，不加特别说明，MCMC 抽样运行次数为 12000 次，其中前 2000 次作为老化(Burn in)过程予以抛弃，保留后 10000 次用于推断。

面板数据因子随机波动模型的三个组成部分需要进行联合估计，此时，任何一部分的估计结果都会同时影响另外两个部分。为了验证联合估计算法的估计效果，主要从因子载荷、隐含波动项、公因子的得分，以及协变量的系数几个部分予以考虑。其中隐含波动项又包括因子波动项和随机波动项。以下模拟结果主要来自模型 M1，其他模型的结果与其类似，在需要比较时，同时给出其他模型的结果(见图 6-2)。

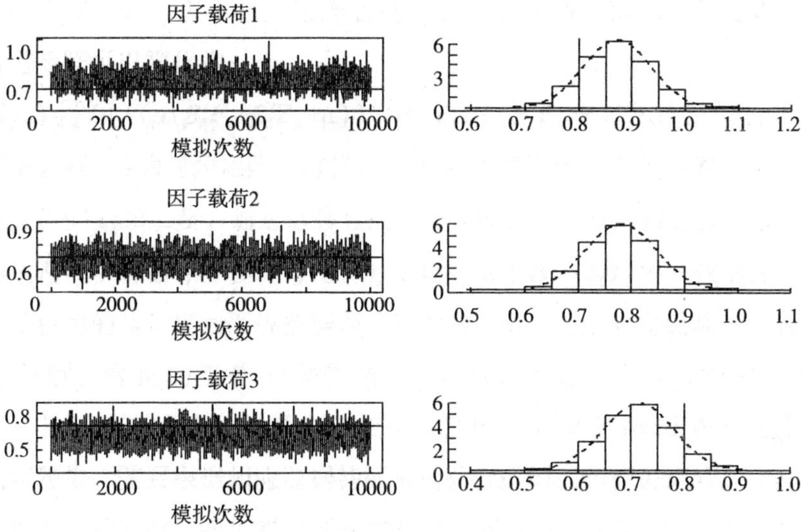

图 6-2　模型 M1 三个因子平均因子载荷的模拟过程及结果

因子载荷 λ_{ij} 的估计与因子个数的选择有一定的关系。在模型 M1 中个体数为 10，观测时期为 200，通过 Bai 和 Ng（2002）提出的 IC_p 准则，选择的公因子个数为 3，此时因子载荷矩阵 $\boldsymbol{\Lambda}$ 为 10×3 矩阵。在 10000 次有效模拟中，分别计算三个公因子对应的因子载荷的平均值。从图 6-2 可以看出，模拟 2000 次以后，因子载荷的估计值趋向平稳，并且逐渐趋向于所给定的初始分布的均值。模拟结果的直方图显示渐进服从正态分布，与数据生成过程的初始值相比，位置参数有一定的偏差，可以进一步探索分层参数的设定与最终估计结果之间的关系。同时反映按照以上算法进行模拟能够得出因子载荷的有效估计量。

由于生成机制相同，随机波动项 $\boldsymbol{h}_t$ 和因子波动项 $\boldsymbol{q}_t$ 的估计过程不仅与因子分解步骤密切相关，同时还受波动方程的状态转移规律约束。在应用 FFBS 算法对这两组潜在状态变量进行滤波和抽样时，最终反映的模型结构特点截然不同。随机波动 $\boldsymbol{h}_t$ 的结果决定模型的异方差性和随机波动性以及误差项可能存在的序列相关特征，反映均值模型的误差结构。因子波动 $\boldsymbol{q}_t$ 的结果决定公因子的结构特点。由于因子分解所得到的公共因子为潜在变量，公因子的估计结果主要考察每个公因子的得分。判断因子波动模型和因子分解估计的有效性，需要计算公因子的估计值与原始的因子得分是否充分拟合。

两类潜在因子的估计过程相似。图 6-3 给出的是随机误差潜在因子的迭代结果。为了体现潜在因子依时间变动的规律，我们对各个个体的潜在因子进行了平均。其中，左图的观测期长度为 200，右图的观测期长度为 1000。能够明显看出，随着观测期的增长，潜在因子的估计结果趋向于平稳分布。这些情况表明，采用 FFBS 联合估计方法对面板数据因子随机波动模型进行估计，采用的数据一定要具有较长的观测时期，这与混合双因子模型和离散数据动态因子模型要求基本一致。观测时期较短时开始阶段会表现出很多异常值，由于采用了前向滤波倒向抽样算法，随着观测时期延长，初始阶段的异常值也得到了有效处理。左右两个图形估计结果拟合效果都非常好。潜在因子的估计值（图中用“*h*（*t*）*aver*”表示）与真实值基本重合，并且都落入了 95%的置信区间，进一步反映出基于 FFBS 的联合估计能够较好地体现潜在因子的转移规律。图 6-3 中两个图形的下方簇状线为潜在因子的方差，为了便于对比分析，我们将潜在因子的均值上移了一个单位。可以看出，潜在因子的误差表现出明显的簇生特征，进一步反映出随机波动模型所体现出的异方差性。

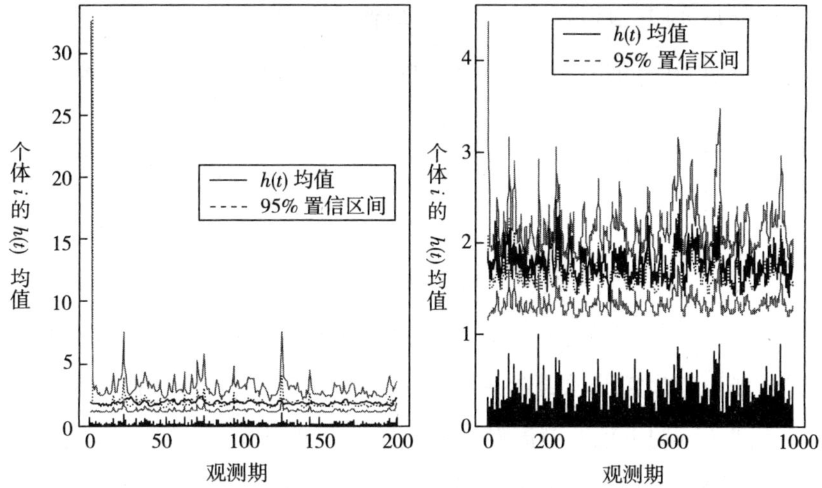

图 6-3　多元 FFBS 联合估计所得潜在因子

根据所估计的潜在因子项可以进一步计算公因子的得分和均值方程的随机误差。由于公因子的生成过程与潜在因子的关系可以表示为：

$$f_{jt}=\exp(q_{jt}/2)\varepsilon_{jt}$$

为了观测真实因子得分和根据估计值计算的因子得分的区别，采用个体平均的方法计算公因子得分的估计值，用 $\bar{f}_t$ 表示个体平均公因子得分值，于是有：

$$\bar{f}_t=\sum_{j=1}^{p}\exp(q_{jt}/2)\varepsilon_{jt}$$

用同样方法计算真实因子得分的个体平均值，两者的比较结果见图 6-4。图 6-4 的左边图形为 200 次观测的真实因子得分和估计结果的拟合情况。为了进一步比较，中间图形给出了离散点图，横轴为真实因子得分，纵轴为拟合因子得分，其结果基本落在对角线上，表明拟合效果较好。图 6-4 的右边图形为因子得分拟合结果的自相关图，由于在 AR（1）基础加入了随机波动效应，因子得分项的高阶自相关关系不太明显。从图 6-3 能够看出，联合滤波和抽样方法对潜在因子波动的估计有效。

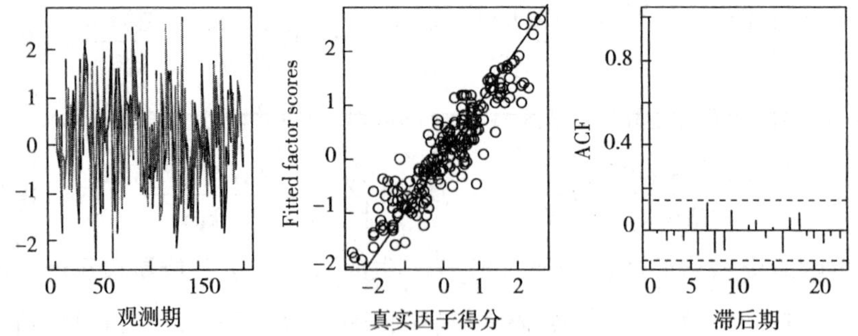

图 6-4　公因子得分的拟合结果

联合估计算法的有效性不仅体现在潜在波动项和因子及误差项的拟合效果中，还需要进一步分析波动方程 AR（1）过程的截距项和自回归项系数的拟合程度。对于因子波动方程，前面设计的波动方程数据生成过程的常数项 α_{i0} 和斜率项 α_{i1} 的值分别为 0.08 和 0.85。从模拟过程反映出，当 α_{i0} 越接近于 0 时，α_{i1} 越接近于 1，拟合效果越好，这一问题是由前面假设公因子的期望 $E(f_{jt})=0$ 引起的，而这一假设结合其他条件能够保证因子分解结果唯一识别。图 6-5 的左边图形反映了个体平均截距项 α_0 和斜率项 α_1 的模拟过程，右边图则为模拟结果的频数统计。可以看出，当 2000 次老化过程之后，模拟结果在真实值的附近震荡，且渐进地趋向于真实值 0.08 和 0.85。频数统计结果验证了其众数非常接近真实值。随着模拟次数和观测时期的增加，系数估计的拟合程度越高。

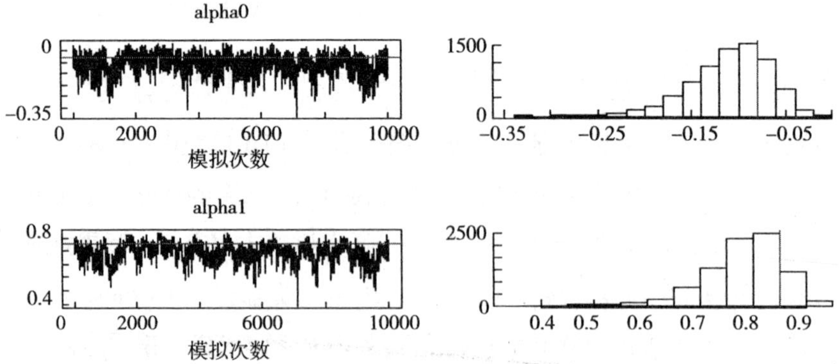

图 6-5　波动方程的系数估计过程与结果

最后一个需要验证的是协变量的系数 β_{ij} 的估计精度。相较于一元随机波动和多元随机波动模型。因子面板数据模型的协变量系数有明显的实际意义。因此可以对 β_{ij} 的估计结果进一步予以分析。在运用 FFBS 算法对潜在波动项进行预报以及分层贝叶斯因子分解基础上进一步验证联合估计的效果。运用以上设计的数据生成过程，选择模型 M1～M8 进行估计，在此仅仅报告模型 1 和模型 5 的估计结果，具体情况见表 6-2。

表 6-2 模型 M1 和模型 M5 协变量系数估计结果

Model1	ind1	ind2	ind3	ind4	ind5	ind6	ind7	ind8	ind9	ind10
const.	0.058	0.058	0.057	0.057	0.057	0.058	0.057	0.057	0.057	0.058
t-value	21.22	21.31	21.24	21.39	21.13	21.30	21.40	21.33	20.98	21.34
var1	0.061	0.060	0.060	0.060	0.060	0.060	0.060	0.060	0.060	0.061
t-value	68.51	66.81	66.43	65.67	65.26	68.29	68.98	66.94	69.89	69.26
var2	0.056	0.056	0.055	0.056	0.055	0.056	0.055	0.055	0.056	0.056
t-value	64.64	63.00	62.55	63.00	64.88	62.56	61.19	64.45	64.18	62.88
var3	0.057	0.058	0.056	0.057	0.057	0.058	0.057	0.057	0.057	0.058
t-value	66.20	67.89	64.66	65.21	65.77	66.36	66.26	65.48	66.26	66.80
Model5	ind1	ind2	ind3	ind4	ind5	ind6	ind7	ind8	ind9	ind10
const.	0.059	0.059	0.059	0.059	0.059	0.059	0.059	0.059	0.059	0.059
t-value	24.14	24.09	24.34	24.16	24.08	24.15	24.15	24.30	24.17	24.28
var1	0.055	0.054	0.053	0.054	0.054	0.054	0.054	0.054	0.054	0.054
t-value	61.77	62.37	59.33	61.13	61.06	61.25	62.88	62.12	62.00	61.24
var2	0.058	0.058	0.058	0.058	0.058	0.059	0.058	0.058	0.058	0.058
t-value	66.89	64.90	64.94	66.40	67.29	66.22	66.81	65.17	66.97	66.27
var3	0.058	0.058	0.057	0.057	0.057	0.058	0.058	0.058	0.057	0.058
t-value	65.51	66.85	65.26	64.48	66.11	64.77	64.45	65.20	64.83	65.88
var4	0.058	0.058	0.057	0.057	0.057	0.058	0.057	0.058	0.057	0.058
t-value	64.26	65.06	62.15	64.54	64.31	65.51	64.10	63.41	65.68	65.41

注：表中分别用 ind 表示个体，用 var 表示变量，const. 为模型的常数项，每个系数估计值为重复模拟的平均数。系数估计下方的 t 统计量值根据各次模拟的平均估计标准误差计算。

在面板数据因子随机波动模型中，各种可观测因素对被解释变量的影响不仅与协变量有关，还与个体有关。在联合估计过程中，协变量的系数采用面板数据随机系数模型的分层贝叶斯估计方法，所估计的每一个模型都假定存在截距项。MCMC 算法中老化过程后进行 10000 次迭代，其后重新按照 DGP 产生新的数据，重复模拟 1000 次，得到各个个体在每个变量上的系数的估计结果。由于每次估计所得到的各个系数的估计标准误差都很小，反映总体估计效果的均方根误差（RMSE）数值也非常小，所以此处只汇报估计结果的平均系数估计值和 t 统计量的值。

模型 M1 和模型 M5 的个体数都为 10，协变量个数分别为 3 和 4，两个模型都包括常数项。协变量系数由均值为 0.06 的正态分布产生，表 6-2 中的两个模型的各项估计结果都非常接近于正态分布的均值，并且 t 统计量均非常显著，说明总体拟合效果较好。数值模拟过程表明，估计结果与真实值产生的偏差不仅来自估计过程，还与初始的数据生成过程有关。我们前面假定 β_{ij} 的方差为 0.009，如果减少 β_{ij} 数据生成过程所服从的正态分布的方差，估计结果将更为精确。

数值模拟结果表明，面板数据因子随机波动模型的估计结果比较有效，无论是均值方程或波动方程的系数估计，还是潜在因子和随机误差成分的提取，对真实数据均有较好的拟合效果。可观测因子的估计结果体现在个体随机系数中，不可观测因子由波动方程和因子分解共同决定。通过对模拟数据的分析，各个部分能够一致地反映原始数据的分布特征。以上各项的估计结果比较准确，综合起来，r_{it} 的估计结果也比较准确，所以基于 FFBS 的面板数据因子随机波动模型能够较好地反映可观测因素和不可观测因素对被解释变量造成的影响。

第五节　互联网金融和传统金融上市公司对比分析

因子面板随机波动模型与其他随机波动模型相比，主要优点是可以同时考虑可观测因素和不可观测因素对金融资产投资收益率的影响。这种可观测因素和不可观测因素在实际应用中经常用模型中的分类变量来表示。面板数据随机波动模型中的解释变量通常用来代表可观测因素，不可观测因素用因子载荷和随机误差项来表示。在股票市场研究中，可观测因素可以是市场内因素、市场外因素、公司经营因素，可以用观测变量来表示。不可观测因素同时来自以上几个方面，不能用观测变量表示。通过对各种因素进行分析，可以合理规避金融资产风险，优化金融资产配置，提高投资收益。

近年来，中国金融市场互联网金融业务蓬勃发展，互联网金融概念也受到极大关注，很多上市公司都将互联网金融纳入自己的主营业务。互联网金融公司充分利用现代信息技术和互联网科技，将传统金融业务从柜台搬到了网络进行。这里我们将互联网金融概念定义为主营业务，包括互联网金融科技、互联网金融服务、直接或间接从事互联网支付配套业务的上市公司。而将银行类上市公司称为传统金融上市公司。在网络借贷和众筹等都被认为是一种新兴的基于互联网金融业务。上市公司对互联网金融类的投资表现出了极大兴趣，因此，本章从股票市场交易数据间接地对互联网金融公司和传统金融上市公司影响股票收益率的可观测和不可观测因素进行比较。

由于互联网金融公司近几年才迅速得到发展，为了便于进行对比分析，我们从以上三个类型的互联网金融类公司中选取了 10 家上市公司；考虑到中国国有商业银行体量都非常大，我们从银行类上市公司选取了 10 家地方性上市银行。这些上市公司分别来自深市 A 股、沪市 A 股，以及创业板，为了简便起见，下文用其股票代码代表上市公司的名称。所有上市公司数据均来源于 CSMAR 中国股票市场交易数据库。因子面板随机波动模型的均值方程和公因子均假设具有波动演进，无论是超额对数收益率序列还是因子项都具有滞后效应，所以必须保证所选取的数据具有连续性，我们选取了以上提到的互联网金融和地方性银行各 10 家上市公司 2017 年 11 月 1 日至 2018 年 10 月 12 日连续 231 个交易日的交易数据进行分析。假设上市公司的可观测信息和不可观测信息都已经包含在股票价格、股票交易金额和交易量变动当中。对于每日交易数据，价格信息最终反映的是收盘价，体现在收益率的变动当中。日股票价格的直接影响因素是当日的交易量，交易金额。另外，流通市值大小反映了上市公司的规模和价值大小，是市场对公司运营状况的综合评价。

在模型（6-3）中，我们选取（包括分红派现）日个股收益率（ShrRet）作为被解释变量，日个股交易数（TrdVol）、日个股交易金额（TrdVal）和日个股流通市值（MrkVal）作为解释变量。为了增强不同规模和价值大小的公司的对比性，对选取的三个解释变量的数据进行标准化处理。此时，不包含常数项的个体随机效应面板数据模型可以改写为：

$$ShrRet_{it}=\beta_1 TrdVal_{it}+\beta_2 TrdVol_{it}+\beta_3 MktVal_{it}+\boldsymbol{\lambda}'_i \boldsymbol{f}_t+u_{it} \tag{6-26}$$

采用本书提到的方法对模型（6-26）和因子面板随机波动模型（6-2）~模型（6-4）进行估计。公因子的个数选择根据 Bai 和 Ng（2002）提出的方法，选择了三个公因子。因子载荷和个体随机效应的估计结果分别见表 6-3 和表 6-4。

从表 6-3 可以看出，互联网金融类上市公司和传统金融类上市公司在各个因子载荷上表现出明显的差异。其中，互联网金融类上市公司在第一个公因子上普遍载荷较大，传统金融类上市公司则在第二个公因子上载荷较大。一方面，由于公因子代表的是一类股票所受到的公共冲击，或者说是公共影响因素，由此说明这两类金融公司所受到的影响因素不完全相同，或者说各有侧重；另一方面，传统金融类上市公司在三个因子载荷上均有正有负，表示各自受冲击的方向不完全一致，而互联网金融类上市公司在第一个因子载荷和第二个因子载荷上符号全部为正，在第三个因子载荷上符号全部为负，表现出明显的一致性。总之，这两类金融类上市公司的交易表现出明显的行为特征，印证了影响它们的内部因素和外部因素确实存在显著性的差异。

表 6-3 两类公司面板数据因子载荷的估计结果

互联网金融（Internet Finance）	因子 1（Fctor1）	因子 2（Factor2）	因子 3（Factor3）	传统金融（Tradition Finance）	因子 1（Fctor1）	因子 2（Factor2）	因子 3（Factor3）
600570	0.48295	0.26396	−0.39941	601229	0.24935	−0.6055	0.34556
300468	0.48165	0.2527	−0.33806	601009	−0.35094	−0.80025	0.10056
600446	0.53242	0.29306	−0.43271	002142	−0.10866	−0.61911	0.21143
600588	0.41928	0.2797	−0.27535	601997	0.15192	−0.66763	0.25843
002095	0.40358	0.28249	−0.46229	600919	0.40977	−0.69211	−0.18339
600599	0.26668	0.14423	−0.16483	600908	0.45947	−0.74334	−0.20374
300300	0.34265	0.19878	−0.29666	600926	0.31993	−0.73738	0.13836
300295	0.59382	0.29622	−0.28131	002839	0.35223	−0.62106	−0.39002

续表

互联网金融（Internet Finance）	因子1（Fctor1）	因子2（Factor2）	因子3（Factor3）	传统金融（Tradition Finance）	因子1（Fctor1）	因子2（Factor2）	因子3（Factor3）
002285	0.44411	0.23941	-0.09751	002807	0.40254	-0.74668	-0.34116
300178	0.40544	0.21892	-0.31614	601169	-0.01292	-0.69512	0.16557

因子载荷分析主要考虑的是不可观测因素影响，在因子面板随机波动模型中，我们可以通过模型估计得到交易量、交易金额和流通市值等这些可观测因素及其滞后项对股票当期收益率的影响，运用中国股票市场数据，通过 FFBS 方法进行估计，所得到的结果见表 6-4。由于所有解释变量都经过了标准化处理，各个解释变量的系数主要用于对两类上市公司进行对比分析。从表 6-4 可以看出，股票流通市值的系数估计结果具有较高的显著性水平，全部在 10%的显著性水平上通过了显著性检验。这些可观测因素对两类股票的影响没有明显的差异。除了上海银行（601229）外，两类股票流通市值与股票的收益率之间具有比较明显的正相关关系，表明流通市值越大的上市公司，在观测期内表现出越明显的正收益。交易量和交易金额对两类公司收益率的影响没有表现出一致性，但除了南京银行（601009）外，大多数股票交易量和交易金额与股票收益率之间存在反向关系，表明高价股和低价股之间具有不同的市场表现。

表 6-4　两类公司面板数据个体随机效应模型随机系数的估计结果

互联网金融（Internet Finance）	交易量（TrdVol）	交易金额（MrkVal）	流通市值（TrdVal）	传统金融（Tradition Finance）	交易量（TrdVol）	交易金额（TrdVal）	流通市值（MrkVal）
600570	7.29E-03	-0.00751	0.030701	601229	-3.01E-02	0.032915	-0.00375
SE	1.86E-03	0.001888	0.000227	SE	9.49E-03	0.009507	0.000948
300468	-4.80E-03	0.011402	0.022815	601009	6.45E-05	0.000153	0.015969
SE	4.72E-03	0.004782	0.00155	SE	2.84E-03	0.00285	0.00031
600446	8.21E-03	-0.00909	0.031296	002142	5.09E-03	-0.00478	0.019807
SE	1.71E-03	0.00176	0.000439	SE	2.18E-03	0.002189	0.000212

续表

互联网金融 (Internet Finance)	交易量 (TrdVol)	交易金额 (MrkVal)	流通市值 (TrdVal)	传统金融 (Tradition Finance)	交易量 (TrdVol)	交易金额 (TrdVal)	流通市值 (MrkVal)
600588	5.67E-03	-0.0049	0.036145	601997	3.23E-03	-0.00342	0.015774
SE	2.10E-03	0.002107	0.000429	SE	1.72E-03	0.001737	0.000213
002095	8.56E-04	-0.00212	0.030323	600919	-1.04E-02	0.009408	0.016956
SE	2.01E-03	0.002051	0.000403	SE	1.20E-02	0.012167	0.001323
600599	1.07E-03	-0.00187	0.021443	600908	1.09E-02	-0.0124	0.020783
SE	2.26E-03	0.002284	0.000378	SE	1.66E-03	0.001691	0.000261
300300	-2.52E-03	0.005383	0.020595	600926	2.38E-03	-0.00234	0.01458
SE	5.88E-03	0.005877	0.001016	SE	6.91E-04	0.000697	0.000135
300295	7.36E-03	-0.00692	0.028783	002839	-1.56E-02	0.0213	0.003849
SE	2.14E-03	0.002159	0.000429	SE	1.13E-02	0.01144	0.002175
002285	1.13E-02	-0.01066	0.029251	002807	9.91E-03	-0.00977	0.02229
SE	2.87E-03	0.002884	0.000697	SE	1.43E-03	0.001442	0.000291
300178	-1.50E-03	0.000133	0.332127	601169	3.56E-03	-0.00371	0.010487
SE	3.29E-03	0.000226	0.005708	SE	2.12E-03	0.002139	0.000208

通过对比分析，互联网金融类上市公司和传统金融类上市公司受各种可观测因素和不可观测因素的影响，既有共同点，又有很大的区别。一方面，共同点表现在两者受可观测因素影响方面表现出极大的相似性，但是个股的表现却存在较大差异。公司流通市值对股票收益率具有正向影响，由于我们所选取的 2017 年底至 2018 年底这段时间中国股票市场总体上是下行趋势，所以交易量放大或者交易金额的增加有可能是股票收益下降时，表现在模型的估计结果中个体随机效应系数估计结果为负数或者交易量和交易金额呈现负相关关系。另一方面，不可观测因素对两类上市公司的影响则具有显著性差异。这些不可观测因素是由公司的背景决定的。这充分说明，采用因子面板随机波动模型，不仅能够利用可观测因素对公司股票收益率进行判断，而且还可以通过因子分解以及每个公因子或者一组因子载荷可能代表的含义进行深入分析。进一步可以对公司类型进行细分，做出合理的投资决策。融合了不可观测因素和不可观测因素的随机波动模型，相

比较一般的随机波动模型，增加了对公司投资价值和市场表现的另一种分析方法。

第六节 结论和进一步研究

本章提到的面板数据因子随机波动模型的联合估计方法主要是基于块抽样的多元 FFBS 算法。其他方法也可以尝试运用于这类模型的估计。如广泛应用于多元随机波动模型的广义矩方法，拟极大似然估计，模拟极大似然，重要抽样技术等成功运用于一元和多元随机波动模型的估计方法。还可以考虑 MCMC 与 Kalman 滤波、粒子滤波等相结合的其他滤波算法。如果对高频数据进行分析，还需在模型设计时考虑跳、微结构噪声以及已实现波动性在模型中的体现以及对应的估计方法。

实证研究表明，考虑了市场内部可观测因素和市场外部不可观测因素的因子随机波动模型，除了能够体现同类型股票所受共同冲击的影响之外，还可以分析不同类型股票之间的差异。本书采用前向滤波倒向抽样的算法对所提出的新的模型进行估计，没有给出模型全部参数的估计结果，从实证部分的分析可以看出，可观测因素和不可观测因素对股票市场投资的影响不仅存在，而且在两类股票中表现出明显的不同。可观测因素对两类股票的影响比较类似，从因子分析的角度来看，股票收益率受宏观因子、行业因子和个体因子决定，本书采用的可观测因素主要是宏观因子和行业因子，不可测因素主要是个体因子。宏观因子和行业因子体现出共同特征，个体因子体现出不同特征。如何需要深入分析各个股票收益率与各个因素之间的关系，可以从每个个体参数估计结果中得出更加有用的结论。

除了前面分析过程中提到的模型检验以外，模型诊断也是后续研究可以深入下去的一个领域。Pitt 和 Shephard（1999）提到随机波动模型的四种诊断方法：对数似然、标准化对数似然、一致残差、距离测度。由于加入了许多自由参数，传统的 AIC、BIC 等不适合于 MCMC 方法所估计的模型选择，对于因子模型这样的复杂模型 Spiegelhalter 等（2002）所提出的偏差信息准则（DIC）也有一定的难度，本书仅仅采用了直观的模型诊断原则。在未来的研究中，可以考虑基于偏差测度（Distance Measure）方法。或者对 DIC 予以进一步改进，使其能够适用于对面板数据所体现的时间和空间二维变量进行模型选择。

第七章　结论与展望

第一节　主要结论

本书主要对高维面板数据动态因子模型的构建和相应模型估计方法的选择进行了分析。着重讨论动态混合双因子模型、离散因变量因子模型和面板随机波动模型。从前面的研究可知，因子模型能较好地处理高维面板数据，在建模中需要根据数据特点选择不同类型的动态因子，这对各种不同的模型应采用不同的估计方法，并需要从理论和应用方面对模型的估计效果和应用价值进行验证。

（1）高维面板数据因子模型具有较好的降维效果。本书分别针对三类不同的面板数据构建了因子模型。无论是具有大量个体或者解释变量的情形，还是具有复杂误差成分的模型，采用因子模型都能减少待估参数的个数。虽然随机波动模型中的因子成分不能减少估计参数的个数，但也能采用少数因子来体现大量不可观测因素。

（2）针对不同的数据类型需要采用与之相应的动态因子模型。本书采用的动态因子模型的滞后效应，不仅来自因子本身，还可能来自解释变量或者被解释变量。对于不同类型的数据，需要明确哪些变量具有动态效应，如果研究受不可观测因素的长期影响，就需要在模型中引入因子滞后项，如随机波动模型。如果需要对被解释变量进行前向预报，需要引入被解释变量的滞后项。经典动态因子模型主要是指模型中包含因子的滞后项。在实际分析中，由于数据类型的不同，在明确滞后效应的来源以后选择与之相应的动态因子模型。

（3）选择高维面板数据因子模型的估计方法需要同时考虑模型结构和数据特征。高维面板数据的结构特点较为复杂，基于高维面板数据所建立的因子模型包含多个组成部分。从本书的分析可以看出，无论是面板数据随机效应模型还是固定效应模型，在引入因子项以后，原有模型的估计方法都不能不加修改地运用于新建模型。所以，需要根据模型类型和数据结构特点选择相应的估计方法。

（4）变量（个体）因子与误差项因子之间的联系与区别。离散面板数据动态因子模型仅仅考虑到了个体因子，因子随机波动模型和混合双因子模型都同时考虑了两种因子。需要注意的是，误差项因子并不是独立存在的，它是对面板数据模型中误差成分的进一步分析。变量（个体）因子设置的准确性以及面板数据的内部特点将决定误差项因子的设定形式与方法。同时包含两类因子的双因子模型处理不同类型因子的方法可以一样，如动态混合双因子模型；但有时两者处理方法不同，如面板数据因子随机波动模型。

（5）高维面板数据模型的理论和应用领域还需进一步拓展。高维面板数据模型的理论性质是基于模型的估计效果和拟合程度提出的。虽然参数估计方法对模型具有较好的解释能力，但参数估计结果有时很难得到，稍微复杂一点的模型很难写出似然函数和矩方程，必须采用更为复杂的估计技术，甚至是纯粹模拟的方法，因此造成了理论上的困难。本书所构建的几类模型主要运用于金融市场研究，其他相关领域的研究如何开展需要结合实际深入思考。

第二节　进一步研究展望

通过对以上模型构建和估计以及理论和应用问题的总结，高维面板数据动态因子模型还存在很多值得深入下去的问题，主要存在以下五个方面问题：

（1）采用合适的方法获取潜在因子。公因子或者潜在因子需要通过因子分解得到，然而因子分解并不能直接得出公因子的值。虽然可以采用主成分法或者极大似然法进行因子分解，再运用估计方法来得到因子得分，但这种方法仅仅适用于进行因子分解的变量具有明确实际意义的场合。如果潜在因子仅仅是通过主观方式引入的，如因子随机波动模型，这时怎样采用正确的方式得到公因子的估计结果以及如何对公因子进行解释值得深入研究。可以考虑将潜在因子的计算转化为对潜在因子进行估计，也就是将因子分解过程运用类似于主成分法计算出一个因子得分值。

（2）研究面板数据动态因子模型中公因子个数的选择准则。从实际研究效果来看，面板数据公因子个数的选择准则 IC_p 和 PC_p 有时并不能准确选定公因子的个数。在实际应用中，当所选择的公因子个数较多时，无法起到较好的降维效果；当所选择的公因子个数较少时，没有充分利用到原有信息。在面板数据分析中，可以考虑计算不同个数的公因子对原始信息的体现程度，构造一个类似于方差贡献率的综合指数，通过某个临界值选取公因子。

（3）探索模型的构造和相关模型估计的其他方法。主要打算进一步研究面板数据模型中存在序列相关和截面相关，或者异方差性、非平稳特征等的建模方法，讨论常见参数估计方法在因子模型估计中的应用，如矩方法、极大熵、极大似然、经验似然、估计函数和广义矩方法等。在非参数模型如广义可加模型、单指标模型的基础上加入因子成分，研究广义可加因子模型、单指标因子模型的估计方法。对因子模型的常见非参数估计方法，如核方法、局部多项式方法、样条方法的拟合效果进行比较分析，进一步分析贝叶斯估计中算法的设计。

（4）研究面板数据因子模型中结构突变与方差膨胀的处理。高维宏观面板数据观测期较长，从时间维度进行分析这些数据显然缺乏平稳性，可能存在多重结构突变。在多重结构突变的动态因子模型研究中，首先，需要对结构突变类型和结构突变时间点进行检验，在突变点未知的情况下，研究结构突变对潜在因子和因子载荷造成的影响，采用虚拟变量法和分段函数法构建具有多重结构突变的动态因子模型，对宏观经济发展变化进行分析。其次，由于时间序列的非平稳性，导致大多数长时期观测值都可能存在方法膨胀或者方差收缩，这种异方差特征在采用公因子建模以后需要研究随机误差项某些成分的波动方程。

（5）进一步拓展面板数据因子模型的应用领域。本书的应用范围仅限于金融领域，对大型宏观经济体的研究较少。由于高维面板数据广泛存在于各个领域，因此需要进一步拓展因子模型的研究范围。例如，环境经济学领域、劳动经济学领域、社会管理领域等。通过因子模型构建预警指标体系，结合相关领域数据对环境状况、劳动力市场、管理水平等进行综合评估。

附录一

（定理 4.1 的证明）

记 $b(z,\ \boldsymbol{\beta})=\mathbf{Z}_i\Delta\boldsymbol{\varepsilon}_i$，其中 $\boldsymbol{\beta}=(\boldsymbol{\beta}'_L,\ \boldsymbol{\beta}'_F)'$ 由式(4-16)可知，$E[b(z,\ \boldsymbol{\beta})]=\mathbf{0}$，对每个待估参数分别求偏导数 $\dfrac{\partial b(z,\ \boldsymbol{\beta})}{\partial\ \boldsymbol{\beta}}$，令

$$Db(\boldsymbol{\beta}_L,\ \boldsymbol{\beta}_F)=\left(\frac{\partial b(z,\ \boldsymbol{\beta})}{\partial \boldsymbol{\beta}'_L},\ \frac{\partial b(z,\ \boldsymbol{\beta})}{\partial \boldsymbol{\beta}'_F}\right)'$$

由于随机干扰项的一致收敛性，在 $\boldsymbol{\beta}_L$ 和 $\boldsymbol{\beta}_F$ 附近采用 Taylor 级数展开。

$$b(z,\ \hat{\boldsymbol{\beta}})=b(z,\ \boldsymbol{\beta})+Db(\boldsymbol{\beta}_L^*,\ \boldsymbol{\beta}_F^*)(b(z,\ \hat{\boldsymbol{\beta}})-b(z,\ \boldsymbol{\beta}))+o(b(z,\ \boldsymbol{\beta})) \quad (1-1)$$

其中，$\hat{\boldsymbol{\beta}}=(\hat{\boldsymbol{\beta}}'_L,\ \hat{\boldsymbol{\beta}}'_F)'$，$\boldsymbol{\beta}_L^*$，$\boldsymbol{\beta}_F^*$ 分别介于 $\boldsymbol{\beta}_L$、$\hat{\boldsymbol{\beta}}_L$ 和 $\boldsymbol{\beta}_F$、$\hat{\boldsymbol{\beta}}_F$ 之间，两端同乘以权重矩阵 $\boldsymbol{A}$ 得：

$$\boldsymbol{A}b(z,\ \hat{\boldsymbol{\beta}})=\boldsymbol{A}b(z,\ \boldsymbol{\beta})+\boldsymbol{A}Db(\boldsymbol{\beta}_L^*,\ \boldsymbol{\beta}_F^*)(b(z,\ \hat{\boldsymbol{\beta}})-b(z,\ \boldsymbol{\beta}))+o(b(z,\ \boldsymbol{\beta})) \quad (1-2)$$

由于以下三条：

（i）由假设，给定最优权重矩阵 $\boldsymbol{A}_O$ 可以得到 $\boldsymbol{\beta}$ 的唯一最优估计量。$\boldsymbol{\beta}$ 是定义在 R^n 上的连续向量，$\boldsymbol{\beta}$ 构成的空间 Θ 是 R^n 的子集，且为闭集和有界集。

（ii）对于 $b(z,\ \boldsymbol{\beta})=\mathbf{Z}_i\Delta\varepsilon_i\ \forall\ \varepsilon>0$，由式（1-2）得：

$$E(b(z,\ \hat{\boldsymbol{\beta}}))=b(z,\ \boldsymbol{\beta})$$

因此，

$$|b(z,\ \hat{\boldsymbol{\beta}})-b(z,\ \boldsymbol{\beta})|\xrightarrow{p}\mathbf{0} \quad (1-3)$$

对于给定的矩阵 A，记：

$\hat{S}_N(\boldsymbol{\beta})=b(z,\ \hat{\boldsymbol{\beta}})'\hat{\boldsymbol{A}}b(z,\ \hat{\boldsymbol{\beta}})$和$S_0(\boldsymbol{\beta})=b(z,\ \boldsymbol{\beta})'Ab(z,\ \boldsymbol{\beta})$

由式（1-3），$S_0(\boldsymbol{\beta})$具有连续性。

（iii）以下证明$S_0(\boldsymbol{\beta})$依概率1收敛性。

$$
\begin{aligned}
|\hat{S}_N(\boldsymbol{\beta})-S_0(\boldsymbol{\beta})| &= |b(z,\ \hat{\boldsymbol{\beta}})'\hat{\boldsymbol{A}}b(z,\ \hat{\boldsymbol{\beta}})-b(z,\ \boldsymbol{\beta})'Ab(z,\ \boldsymbol{\beta})| \\
&= |(b(z,\ \hat{\boldsymbol{\beta}})-b(z,\ \boldsymbol{\beta}))'\hat{\boldsymbol{A}}(b(z,\ \hat{\boldsymbol{\beta}})-b(z,\ \boldsymbol{\beta}))+ \\
&\quad b(z,\ \boldsymbol{\beta})'\hat{\boldsymbol{A}}(b(z,\ \hat{\boldsymbol{\beta}})-b(z,\ \boldsymbol{\beta}))+ \\
&\quad b(z,\ \boldsymbol{\beta})'\hat{\boldsymbol{A}}b(z,\ \boldsymbol{\beta})-b(z,\ \boldsymbol{\beta})'Ab(z,\ \boldsymbol{\beta})| \\
&= |(b(z,\ \hat{\boldsymbol{\beta}})-b(z,\ \boldsymbol{\beta}))'\hat{\boldsymbol{A}}(b(z,\ \hat{\boldsymbol{\beta}})-b(z,\ \boldsymbol{\beta}))+ \\
&\quad b(z,\ \boldsymbol{\beta})'\hat{\boldsymbol{A}}(b(z,\ \hat{\boldsymbol{\beta}})-b(z,\ \boldsymbol{\beta}))+(b(z,\ \hat{\boldsymbol{\beta}})- \\
&\quad b(z,\ \boldsymbol{\beta}))'\hat{\boldsymbol{A}}b(z,\ \boldsymbol{\beta})+b(z,\ \boldsymbol{\beta})'(\hat{\boldsymbol{A}}-\boldsymbol{A})b(z,\ \boldsymbol{\beta})| \\
&= |(b(z,\ \hat{\boldsymbol{\beta}})-b(z,\ \boldsymbol{\beta}))'\hat{\boldsymbol{A}}(b(z,\ \hat{\boldsymbol{\beta}})-b(z,\ \boldsymbol{\beta}))+ \\
&\quad b(z,\ \boldsymbol{\beta})'(\hat{\boldsymbol{A}}+\hat{\boldsymbol{A}}')(b(z,\ \hat{\boldsymbol{\beta}})-b(z,\ \boldsymbol{\beta}))+ \\
&\quad b(z,\ \boldsymbol{\beta})'(\hat{\boldsymbol{A}}-A)b(z,\ \boldsymbol{\beta})|
\end{aligned}
$$

采用三角不等式，有

$$
\begin{aligned}
&\leqslant |(b(z,\ \hat{\boldsymbol{\beta}})-b(z,\ \boldsymbol{\beta}))'\hat{\boldsymbol{A}}(b(z,\ \hat{\boldsymbol{\beta}})-b(z,\ \boldsymbol{\beta}))|+ \\
&|b(z,\ \boldsymbol{\beta})'(\hat{\boldsymbol{A}}+\hat{\boldsymbol{A}}')(b(z,\ \hat{\boldsymbol{\beta}})-b(z,\ \boldsymbol{\beta}))|+|b(z,\ \boldsymbol{\beta})'(\hat{\boldsymbol{A}}-\boldsymbol{A})b(z,\ \boldsymbol{\beta})|
\end{aligned}
$$

运用Cauchy-Schwartz不等式，有

$$
\begin{aligned}
&\leqslant \|b(z,\ \hat{\boldsymbol{\beta}})-b(z,\ \boldsymbol{\beta})\|^2\|\hat{\boldsymbol{A}}\|+2\|b(z,\ \boldsymbol{\beta})\| \\
&\|b(z,\ \hat{\boldsymbol{\beta}})-b(z,\ \boldsymbol{\beta})\|\|\hat{\boldsymbol{A}}\|+\|b(z,\ \boldsymbol{\beta})\|^2\|\hat{\boldsymbol{A}}-\boldsymbol{A}\|
\end{aligned}
$$

由

$$b(z,\ \hat{\boldsymbol{\beta}})-b(z,\ \boldsymbol{\beta})\xrightarrow{p}\mathbf{0}$$

$$\hat{\boldsymbol{A}}-\boldsymbol{A}\xrightarrow{p}\mathbf{0}$$

有

$$|\hat{S}_N(\boldsymbol{\beta})-S_0(\boldsymbol{\beta})|\xrightarrow{p}\mathbf{0}$$

由Newey和McFadden（1994）所给出的结论，满足一致收敛定理，得到相关结论。

附录二

（定理 4.2 的证明）

由于

$$\partial R_1(\boldsymbol{\beta}_L,\ \boldsymbol{\beta}_F)/\partial\boldsymbol{\beta} = \partial(b(z,\ \boldsymbol{\beta})'\boldsymbol{A}b(z,\ \boldsymbol{\beta}))/\partial\boldsymbol{\beta}$$

$$= \partial(b(z,\ \boldsymbol{\beta})'/\partial\boldsymbol{\beta}\boldsymbol{A}b(z,\ \boldsymbol{\beta})) + \partial(b(z,\ \boldsymbol{\beta})'/\partial\boldsymbol{\beta}\boldsymbol{A}b(z,\ \boldsymbol{\beta}))$$

$$= 2\partial(b(z,\ \boldsymbol{\beta})'/\partial\boldsymbol{\beta}\boldsymbol{A}b(z,\ \boldsymbol{\beta}))$$

其中，$\boldsymbol{\beta}=(\boldsymbol{\beta}_L,\ \boldsymbol{\beta}_F)'$，为简洁起见，以下沿用这一记号，对于 GMM 估计量，求解其一阶条件，得

$$R_1(\hat{\boldsymbol{\beta}})'\boldsymbol{A}b(z,\ \hat{\boldsymbol{\beta}}) = \boldsymbol{0} \tag{2-1}$$

由式（1-1），对最优矩阵 A_0，有

$$R_1(\boldsymbol{\beta})'\boldsymbol{A}_0 b(z,\ \hat{\boldsymbol{\beta}}) = R_1(\boldsymbol{\beta})'\boldsymbol{A}_0\sqrt{N}b(z,\ \hat{\boldsymbol{\beta}}) + o(b(z,\ \boldsymbol{\beta})) \tag{2-2}$$

在 $\boldsymbol{\beta}$ 处运用 Taylor 级数展开

$$R_1(\boldsymbol{\beta})'\boldsymbol{A}_0 b(z,\ \hat{\boldsymbol{\beta}}) = R_1(\boldsymbol{\beta})'\boldsymbol{A}_0(\sqrt{N}b(z,\ \boldsymbol{\beta}) + R_1(\boldsymbol{\beta})\sqrt{N}(\hat{\boldsymbol{\beta}}-\boldsymbol{\beta})) + o(b(z,\ \boldsymbol{\beta}))$$

由式（2-1），有

$$R_1(\boldsymbol{\beta})'\boldsymbol{A}_0 R_1(\boldsymbol{\beta})\sqrt{N}(\hat{\boldsymbol{\beta}}-\boldsymbol{\beta}) = -R_1(\boldsymbol{\beta})'\boldsymbol{A}_0\sqrt{N}b(z,\ \boldsymbol{\beta}) + o(b(z,\ \boldsymbol{\beta}))$$

则

$$\sqrt{N}(\hat{\boldsymbol{\beta}}-\boldsymbol{\beta}) = -(R_1(\boldsymbol{\beta})'A_0 R_1(\boldsymbol{\beta}))^{-1}R_1(\boldsymbol{\beta})'\boldsymbol{A}_0\sqrt{N}b(z,\ \boldsymbol{\beta}) + o(b(z,\ \boldsymbol{\beta}))$$

由正文部分的式（4-23），于是有

$$\sqrt{N}b(z,\ \boldsymbol{\beta}) \xrightarrow{d} N(\boldsymbol{0},\ \boldsymbol{D}_1)$$

而

$$(R_1(\boldsymbol{\beta})'\boldsymbol{A}_O\boldsymbol{R}_1(\boldsymbol{\beta}))^{-1}R_1(\boldsymbol{\beta})'\boldsymbol{A}_O$$

为确定矩阵，于是

$$\sqrt{N}(\hat{\boldsymbol{\beta}}-\boldsymbol{\beta})\xrightarrow{d}N(\mathbf{0},\ \sum_1)$$

即

$$\sqrt{N}((\hat{\boldsymbol{\beta}}_L,\ \hat{\boldsymbol{\beta}}_F)-(\boldsymbol{\beta}_L,\ \boldsymbol{\beta}_F))\xrightarrow{d}N(\mathbf{0},\ \sum_1)$$

结论（2）与结论（1）类似，同理可证。

附录三

（定理 5.1 的证明）

（1）存在性。

由于离散面板数据因子模型本质上属于指数族模型。引入讨厌参数 ω_i 以后，广义线性指数族模型的一般形式为：

$$f(\boldsymbol{Y}_i,\ \boldsymbol{\theta}_i,\ \boldsymbol{\omega}_i)=\exp\left(\frac{\boldsymbol{Y}_i\boldsymbol{\theta}_i-b(\boldsymbol{\theta}_i)}{a(\boldsymbol{\omega}_i)}+c(\boldsymbol{Y}_i,\ \boldsymbol{\omega}_i)\right)$$

我们定义所有待估参数 $\boldsymbol{\theta}_i$ 组成的集合为 $\boldsymbol{\Theta}$，则有 $\boldsymbol{\beta}_F\in\boldsymbol{\Theta}$，$\boldsymbol{\beta}_Z\in\boldsymbol{\Theta}$，对离散面板数据因子模型，有：

$$f(\boldsymbol{Y}_i,\ \mu_i(\boldsymbol{\beta}_F,\ \boldsymbol{\beta}_Z),\ \boldsymbol{\omega}_i)=\exp(a(\mu_i(\boldsymbol{\beta}_F,\ \boldsymbol{\beta}_Z),\ \omega_i)+b(\boldsymbol{Y}_i,\ \boldsymbol{\omega}_i)+c(\mu_i(\boldsymbol{\beta}_F,\ \boldsymbol{\beta}_Z),\ \boldsymbol{\omega}_i)'\boldsymbol{Y}_i) \qquad (3-1)$$

由 Kullback 不等式，对任给的密度函数 f（X）和 g（X），有

$$\int\left(\log\frac{f(X)}{g(X)}\right)f(X)dX\geqslant 0$$

当且仅当 $f(X)=g(X)$ 时等号成立。令

$$f(X)=f(\boldsymbol{Y}_i,\ \mu_i(\boldsymbol{\beta}_F^*,\ \boldsymbol{\beta}_Z^*),\ \boldsymbol{\omega}_i)$$

$$g(X)=f(\boldsymbol{Y}_i,\ \mu_i(\boldsymbol{\beta}_F,\ \boldsymbol{\beta}_Z),\ \boldsymbol{\omega}_i)$$

于是有

$$\int\left(\log\frac{f(\boldsymbol{Y}_i,\ \mu_i(\boldsymbol{\beta}_F^*,\ \boldsymbol{\beta}_Z^*),\ \boldsymbol{\omega}_i)}{f(\boldsymbol{Y}_i,\ \mu_i(\boldsymbol{\beta}_F,\ \boldsymbol{\beta}_Z),\ \boldsymbol{\omega}_i)}\right)f(\boldsymbol{Y}_i,\ \mu_i(\boldsymbol{\beta}_F^*,\ \boldsymbol{\beta}_Z^*),\ \boldsymbol{\omega}_i)d\boldsymbol{Y}_i\geqslant 0 \qquad (3-2)$$

将式（3-1）代入式（3-2），并消去 b（$\boldsymbol{Y}_i$，$\boldsymbol{\omega}_i$），有

$$\int(a(\mu_i(\boldsymbol{\beta}_F^*, \boldsymbol{\beta}_Z^*), \boldsymbol{\omega}_i) + c(\mu_i(\boldsymbol{\beta}_F^*, \boldsymbol{\beta}_Z^*), \boldsymbol{\omega}_i)\boldsymbol{Y}_i)f(\boldsymbol{Y}_i, \mu_i(\boldsymbol{\beta}_F^*, \boldsymbol{\beta}_Z^*), \boldsymbol{\omega}_i)d\boldsymbol{Y}_i \geqslant$$

$$\int(a(\mu_i(\boldsymbol{\beta}_F, \boldsymbol{\beta}_Z), \boldsymbol{\omega}_i) + c(\mu_i(\boldsymbol{\beta}_F, \boldsymbol{\beta}_Z), \boldsymbol{\omega}_i)\boldsymbol{Y}_i)f(\boldsymbol{Y}_i, \mu_i(\boldsymbol{\beta}_F^*, \boldsymbol{\beta}_Z^*), \boldsymbol{\omega}_i)d\boldsymbol{Y}_i$$

等号成立，当且仅当

$$a(\mu_i(\boldsymbol{\beta}_F^*, \boldsymbol{\beta}_Z^*), \boldsymbol{\omega}_i)+c(\mu_i(\boldsymbol{\beta}_F^*, \boldsymbol{\beta}_Z^*), \boldsymbol{\omega}_i)\boldsymbol{Y}_i=$$

$$a(\mu_i(\boldsymbol{\beta}_F, \boldsymbol{\beta}_Z), \boldsymbol{\omega}_i)+c(\mu_i(\boldsymbol{\beta}_F, \boldsymbol{\beta}_Z), \boldsymbol{\omega}_i)\boldsymbol{Y}_i$$

加入识别条件以后，等号成立，当且仅当

$\boldsymbol{\beta}_Z=\boldsymbol{\beta}_Z^*$ 且 $\boldsymbol{\beta}_F=\boldsymbol{\beta}_F^*$

故存在估计方程的解使得似然函数极大化。

（2）唯一性。

引入讨厌参数 $\boldsymbol{\omega}_i$ 之后，求解对数似然函数

$$\ell(\boldsymbol{Y}_i, \boldsymbol{\beta}_F, \boldsymbol{\beta}_Z, \boldsymbol{\omega}_i)=\log L(\boldsymbol{Y}_i, \boldsymbol{\beta}_F, \boldsymbol{\beta}_Z, \boldsymbol{\omega}_i)$$

由 Gourieroux 等（1984）的证明结果

$$E^G\left(\frac{\partial\mu}{\partial\boldsymbol{\beta}_F}\boldsymbol{F}_t+\frac{\partial\mu}{\partial\boldsymbol{\beta}_Z}\boldsymbol{Z}_{it}\right)E^Y\ \frac{\partial^2\log L(\boldsymbol{Y}_i, \boldsymbol{\beta}_F, \boldsymbol{\beta}_Z, \boldsymbol{\omega}_i)}{\partial\boldsymbol{\beta}\partial\boldsymbol{\omega}_i}\ \frac{\partial\boldsymbol{\omega}_i}{\partial\boldsymbol{\beta}}=$$

$$E^G\left(\frac{\partial\mu}{\partial\boldsymbol{\beta}_F}\boldsymbol{F}_t+\frac{\partial\mu}{\partial\boldsymbol{\beta}_Z}\boldsymbol{Z}_{it}\right)E^Y\ \frac{\partial^2 C_i}{\partial\boldsymbol{\beta}\partial\boldsymbol{\omega}_i}(\boldsymbol{Y}_i-\mu_i(\boldsymbol{\beta}_F, \boldsymbol{\beta}_Z))\frac{\partial\boldsymbol{\omega}_i}{\partial\boldsymbol{\beta}}$$

并且有，

$$E^Y(\boldsymbol{Y}_i-\mu_i(\boldsymbol{\beta}_F, \boldsymbol{\beta}_Z))=0$$

于是当

$\boldsymbol{\beta}_Z=\hat{\boldsymbol{\beta}}_Z$ 且 $\boldsymbol{\beta}_F=\hat{\boldsymbol{\beta}}_F$

并且

$\boldsymbol{\omega}_i=\tilde{\boldsymbol{\omega}}_i$

有

$$E^G\left(\frac{\partial\mu}{\partial\boldsymbol{\beta}_F}\boldsymbol{F}_t+\frac{\partial\mu}{\partial\boldsymbol{\beta}_Z}\boldsymbol{Z}_{it}\right)E^Y(\partial^2\log L(\boldsymbol{Y}_i, \boldsymbol{\beta}_F, \boldsymbol{\beta}_Z, \boldsymbol{\omega}_i)/\partial\hat{\boldsymbol{\beta}}\partial\tilde{\boldsymbol{\omega}}_i)\frac{\partial\boldsymbol{\omega}_i}{\partial\hat{\boldsymbol{\beta}}}=0 \tag{3-3}$$

此时，$\hat{\boldsymbol{\beta}}_Z$ 和 $\hat{\boldsymbol{\beta}}_F$ 为满足式（3-3）成立的唯一解。

附录四

（定理 5.2 的证明）

此处主要采用 Ziegler（2012）的证明思路。离散面板数据因子模型的广义方程估计第一步需要由似然函数（得分函数）构建得分方程。

对得分函数

$$\boldsymbol{U}(\boldsymbol{\beta},\ \boldsymbol{\alpha})=\frac{1}{N}\sum_{i=1}^{N}\frac{\partial\ \ell_i(\boldsymbol{\beta},\ \boldsymbol{\alpha})}{\partial\boldsymbol{\beta}}$$

的右边在真实值$\boldsymbol{\beta}^*$和$\boldsymbol{\alpha}^*$附近进行 Taylor 级数展开，有

$$\boldsymbol{U}(\boldsymbol{\beta},\ \boldsymbol{\alpha})=\frac{1}{N}\sum_{i=1}^{N}\frac{\partial\ \ell_i(\boldsymbol{\beta}^*,\ \boldsymbol{\alpha}^*)}{\partial\boldsymbol{\beta}}+\frac{1}{N}\sum_{i=1}^{N}\frac{\partial^2\ell_i(\boldsymbol{\beta}^0,\ \boldsymbol{\alpha}^*)}{\partial\boldsymbol{\beta}\partial\boldsymbol{\beta}'}(\hat{\boldsymbol{\beta}}-\boldsymbol{\beta}^*)+$$

$$\frac{1}{N}\sum_{i=1}^{N}\frac{\partial^2\ell_i(\boldsymbol{\beta}^*,\ \boldsymbol{\alpha}^0)}{\partial\boldsymbol{\beta}\partial\boldsymbol{\alpha}'}(\hat{\boldsymbol{\alpha}}-\boldsymbol{\alpha}^*)+o(\boldsymbol{\beta},\ \boldsymbol{\alpha})$$

其中，

$$|\boldsymbol{\beta}^0-\boldsymbol{\beta}^*|\leqslant|\hat{\boldsymbol{\beta}}-\boldsymbol{\beta}^*|$$

$$|\boldsymbol{\alpha}^0-\boldsymbol{\alpha}^*|\leqslant|\hat{\boldsymbol{\alpha}}-\boldsymbol{\alpha}^*|$$

由强大数定理，有

$$\boldsymbol{U}(\boldsymbol{\beta},\ \boldsymbol{\alpha})=\frac{1}{N}\sum_{i=1}^{N}\frac{\partial\ \ell_i(\boldsymbol{\beta}^*,\ \boldsymbol{\alpha}^*)}{\partial\boldsymbol{\beta}}+E^GE^Y\frac{\partial^2\ell_i(\boldsymbol{\beta}^*,\ \boldsymbol{\alpha}^*)}{\partial\boldsymbol{\beta}\partial\boldsymbol{\beta}'}(\hat{\boldsymbol{\beta}}-\boldsymbol{\beta}^*)+$$

$$E^GE^Y\frac{\partial^2\ell_i(\boldsymbol{\beta}^*,\ \boldsymbol{\alpha}^*)}{\partial\boldsymbol{\beta}\partial\boldsymbol{\alpha}'}(\hat{\boldsymbol{\alpha}}-\boldsymbol{\alpha}^*)+o(\boldsymbol{\beta},\ \boldsymbol{\alpha})$$

相应的得分方程为

$$\boldsymbol{U}(\boldsymbol{\beta},\ \boldsymbol{\alpha})=0$$

于是有

$$\frac{1}{N}\sum_{i=1}^{N}\frac{\partial\ \ell_i(\boldsymbol{\beta}^*,\ \boldsymbol{\alpha}^*)}{\partial\boldsymbol{\beta}}+E^GE^Y\frac{\partial^2\ell_i(\boldsymbol{\beta}^*,\ \boldsymbol{\alpha}^*)}{\partial\boldsymbol{\beta}\partial\boldsymbol{\beta}'}(\hat{\boldsymbol{\beta}}-\boldsymbol{\beta}^*)$$

$$+E^GE^Y\frac{\partial^2\ell_i(\boldsymbol{\beta}^*,\ \boldsymbol{\alpha}^*)}{\partial\boldsymbol{\beta}\partial\boldsymbol{\alpha}'}(\hat{\boldsymbol{\alpha}}-\boldsymbol{\alpha}^*)=0(\text{a. s.})$$

令

$$\boldsymbol{S}^{-1}=\boldsymbol{S}^{-1}(\boldsymbol{\beta}^*,\ \boldsymbol{\alpha}^*)=-E^GE^Y\frac{\partial^2\ell_i(\boldsymbol{\beta}^*,\ \boldsymbol{\alpha}^*)}{\partial\boldsymbol{\beta}\partial\boldsymbol{\beta}'}$$

$$\boldsymbol{J}=\boldsymbol{J}(\boldsymbol{\beta}^*,\ \boldsymbol{\alpha}^*)=E^GE^Y\frac{\partial^2\ell_i(\boldsymbol{\beta}^*,\ \boldsymbol{\alpha}^*)}{\partial\boldsymbol{\beta}\partial\boldsymbol{\alpha}'}$$

移项后，有

$$\sqrt{N}(\hat{\boldsymbol{\beta}}-\boldsymbol{\beta}^*)=\boldsymbol{A}^{-1}\left(\frac{1}{\sqrt{N}}\sum_{i=1}^{N}\frac{\partial\ \ell_i(\boldsymbol{\beta}^*,\ \boldsymbol{\alpha}^*)}{\partial\boldsymbol{\beta}}+\boldsymbol{J}\sqrt{N}(\hat{\boldsymbol{\alpha}}-\boldsymbol{\alpha}^*)\right)(\text{a. s.})$$

由中心极限定理，有

$$\begin{pmatrix}\dfrac{\partial\ell_i(\boldsymbol{\beta}^*,\ \boldsymbol{\alpha}^*)}{\partial\boldsymbol{\beta}}\\ \sqrt{N}(\hat{\boldsymbol{\alpha}}-\boldsymbol{\alpha}^*)\end{pmatrix}$$

渐近服从正态分布，均值向量为 **0**，协方差矩阵为

$$\begin{pmatrix}\boldsymbol{O}_{11} & \boldsymbol{O}_{12}\\ \boldsymbol{O}_{21} & \boldsymbol{O}_{22}\end{pmatrix}$$

于是，有估计量 $\hat{\boldsymbol{\beta}}$ 渐近服从正态分布

$$\sqrt{N}(\hat{\boldsymbol{\beta}}-\boldsymbol{\beta}^*)\sim N(0,\ \boldsymbol{U})$$

其中，

$$\boldsymbol{U}=\boldsymbol{S}^{-1}((\boldsymbol{I},\ \boldsymbol{J})\begin{pmatrix}\boldsymbol{O}_{11} & \boldsymbol{O}_{12}\\ \boldsymbol{O}_{21} & \boldsymbol{O}_{22}\end{pmatrix}(\boldsymbol{I},\ \boldsymbol{J})')\boldsymbol{S}^{-1}$$

进一步，要想使估计结果具有稳健性，令

$$\boldsymbol{J}=\boldsymbol{J}(\boldsymbol{\beta}^*,\ \boldsymbol{\alpha}^*)=E^GE^Y\frac{\partial^2\ell_i(\boldsymbol{\beta}^*,\ \boldsymbol{\alpha}^*)}{\partial\boldsymbol{\beta}\partial\boldsymbol{\alpha}'}=\boldsymbol{0}\tag{4-1}$$

式（4-1）成立是因为对于线性指数族模型

$$f(\boldsymbol{Y},\ \mu(\boldsymbol{\beta}),\ \boldsymbol{\omega})=\exp(a(\mu(\boldsymbol{\beta}),\ \boldsymbol{\omega})+b(\boldsymbol{Y},\ \boldsymbol{\omega})+c(\mu(\boldsymbol{\beta}),\ \boldsymbol{\omega})'Y)$$

有

$$\begin{aligned}E^{Y}\frac{\partial^2 f(\boldsymbol{Y},\ \mu(\boldsymbol{\beta}),\ \boldsymbol{\omega})}{\partial\mu\partial\boldsymbol{\omega}'}&=E^{Y}\frac{a(\mu(\boldsymbol{\beta}),\ \boldsymbol{\omega})+b(\boldsymbol{Y},\ \boldsymbol{\omega})+\partial^2 c(\mu(\boldsymbol{\beta}),\ \boldsymbol{\omega})'\boldsymbol{Y}}{\partial\mu\partial\boldsymbol{\omega}'}\\&=E^{Y}\frac{\partial}{\partial\boldsymbol{\omega}'}\left(\frac{\partial a(\mu(\boldsymbol{\beta}),\ \boldsymbol{\omega})+\partial b(\boldsymbol{Y},\ \boldsymbol{\omega})+c(\mu(\boldsymbol{\beta}),\ \boldsymbol{\omega})'\boldsymbol{Y}}{\partial\mu}\right)\\&=\frac{\partial}{\partial\boldsymbol{\omega}'}E^{Y}\left(\frac{\partial a(\mu(\boldsymbol{\beta}),\ \boldsymbol{\omega})+c(\mu(\boldsymbol{\beta}),\ \boldsymbol{\omega})'\boldsymbol{Y}}{\partial\mu}\right)\\&=\frac{\partial}{\partial\boldsymbol{\omega}'}E^{Y}\left(\frac{\partial a(\mu(\boldsymbol{\beta}),\ \boldsymbol{\omega})+c(\mu(\boldsymbol{\beta}),\ \boldsymbol{\omega})'\mu}{\partial\mu}\right)\end{aligned}$$

于是，由指数族分布的性质，有

$$E^{Y}\frac{\partial^2 f(\boldsymbol{Y},\ \mu(\boldsymbol{\beta}),\ \boldsymbol{\omega})}{\partial\mu\partial\boldsymbol{\omega}'}=\frac{\partial}{\partial\boldsymbol{\omega}'}=\mathbf{0}$$

于是，式（4-1）成立。此时，估计量 $\hat{\boldsymbol{\beta}}$ 渐近服从正态分布，并且可以表示成

$$\sqrt{N}(\hat{\boldsymbol{\beta}}-\boldsymbol{\beta}^*)\sim N(\mathbf{0},\ \boldsymbol{M})$$

其中，

$$\boldsymbol{M}=\boldsymbol{M}(\boldsymbol{\beta}^*,\ \boldsymbol{\alpha}^*)=S(\boldsymbol{\beta}^*,\ \boldsymbol{\alpha}^*)^{-1}O(\boldsymbol{\beta}^*,\ \boldsymbol{\alpha}^*)S(\boldsymbol{\beta}^*,\ \boldsymbol{\alpha}^*)^{-1}$$

$$S(\boldsymbol{\beta}^*,\ \boldsymbol{\alpha}^*)=-E^{G}E^{Y}\frac{\partial^2\ell_i(\boldsymbol{\beta}^*,\ \boldsymbol{\alpha}^*)}{\partial\boldsymbol{\beta}\partial\boldsymbol{\beta}'}$$

$$O(\boldsymbol{\beta}^*,\ \boldsymbol{\alpha}^*)=E^{G}E^{Y}\left(\frac{\partial\ell_i(\boldsymbol{\beta}^*,\ \boldsymbol{\alpha}^*)}{\partial\boldsymbol{\beta}}\frac{\partial\ell_i(\boldsymbol{\beta}^*,\ \boldsymbol{\alpha}^*)}{\partial\boldsymbol{\beta}'}\right)$$

于是，有 $\hat{\boldsymbol{\beta}}$ 的渐近正态性成立。

附录五

（面板数据因子随机波动模型的 FFBS 算法）

前向滤波和后向抽样（FFBS）算法由 Carter 和 Kohn（1994）、Fruhwirth-Schnatter（1994）独立提出。Hore 等（2010）对非线性状态空间模型中的 FFBS 算法进行了详细分析。

对模型（6-3），将可观测的被解释变量和解释变量项（包括联合估计所得到的系数）进行合并后移动到模型的左端项，把不可观测因子和因子载荷及误差成分移动到模型的右端项，进行再参数化并加以整理，于是有：

$$\boldsymbol{z}_t=\boldsymbol{c}_t+\boldsymbol{b}_i\tilde{\boldsymbol{h}}_t+\boldsymbol{e}_t \tag{5-1}$$

由于不可观测的因素 $\boldsymbol{b}_i$ 与时间变量无关，令 $\boldsymbol{h}_t=\boldsymbol{b}_i\tilde{\boldsymbol{h}}_t$，设 $\boldsymbol{h}_{t-1}^*=(\boldsymbol{1},\ \boldsymbol{h}_{t-1})$，于是得到模型（6-22）和模型（6-23）。为了对隐含波动块进行预报，在模型（6-24）中，忽略已知参数和数据信息，其条件概率密度为

$$\pi(\boldsymbol{h}\mid \boldsymbol{I}_T)=p(\boldsymbol{h}_T\mid \boldsymbol{I}_T)\prod_{t=1}^{T}p(\boldsymbol{h}_t\mid \boldsymbol{h}_{t+1},\ \mathscr{T}_t) \tag{5-2}$$

信息集 $\mathscr{T}_t$ 和 $\boldsymbol{I}_T$ 由正文部分给出。

由于

$$p(\boldsymbol{h}_{T-1},\ \boldsymbol{h}_T\mid \boldsymbol{I}_T)=p(\boldsymbol{h}_T\mid \boldsymbol{I}_T)p(\boldsymbol{h}_{T-1}\mid \boldsymbol{h}_T,\ \boldsymbol{I}_T) \tag{5-3}$$

式（5-2）的后向抽样过程可以写成：

$$p(\boldsymbol{h}_1,\ \boldsymbol{h}_2,\ \cdots,\ \boldsymbol{h}_T\mid \boldsymbol{I}_T)=p(\boldsymbol{h}_{T-1},\ \boldsymbol{h}_T\mid \boldsymbol{I}_T)\prod_{t=1}^{T-2}p(\boldsymbol{h}_t\mid \boldsymbol{h}_{t+1},\ \mathscr{T}_t) \tag{5-4}$$

高维隐含波动项 $\boldsymbol{h}_t$ 的估计包括前向滤波和后向抽样两个步骤。

（1）前向滤波。

为了在 t 时刻将所获取的信息应用到对未来时刻的状态的预报，考虑在状态方程（5-3）中加入 $t+1$ 时刻的状态变量 $\boldsymbol{h}_{t+1}$，联合状态的完全条件密度可以表示为

$$p(\boldsymbol{h}_{t-1},\ \boldsymbol{h}_t,\ \boldsymbol{h}_{t+1} \mid \mathscr{T}_t)=p(\boldsymbol{h}_{t-1},\ \boldsymbol{h}_t \mid \mathscr{T}_t)p(\boldsymbol{h}_{t+1} \mid \boldsymbol{h}_{t-1},\ \boldsymbol{h}_t,\ \mathscr{T}_t) \tag{5-5}$$

注意到此时 $\mathscr{T}_t$ 中包括 $\boldsymbol{I}_T$ 的模型参数和数据信息。由马氏链的性质有

$$p(\boldsymbol{h}_{t+1} \mid \boldsymbol{h}_{t-1},\ \boldsymbol{h}_t,\ \mathscr{T}_t)=p(\boldsymbol{h}_{t+1} \mid \boldsymbol{h}_t,\ \mathscr{T}_t)=p(\boldsymbol{h}_{t+1} \mid \boldsymbol{h}_t) \tag{5-6}$$

式（5-5）右端第一项可以表示为

$$p(\boldsymbol{h}_{t-1},\ \boldsymbol{h}_t \mid \mathscr{T}_t)=p(\boldsymbol{h}_{t-1} \mid \boldsymbol{h}_t,\ \mathscr{T}_t)p(\boldsymbol{h}_t \mid \mathscr{T}_t) \tag{5-7}$$

其中，

$$p(\boldsymbol{h}_{t-1} \mid \boldsymbol{h}_t,\ \mathscr{T}_t)=p(\boldsymbol{h}_{t-1} \mid \boldsymbol{h}_t,\ \mathscr{T}_{t-1},\ \boldsymbol{z}_t)=p(\boldsymbol{h}_{t-1} \mid \boldsymbol{h}_t,\ \mathscr{T}_{t-1}) \tag{5-8}$$

式（5-8）最后一步是因为 $\boldsymbol{h}_{t-1}$ 与 $\boldsymbol{z}_t$ 的条件独立性。结合式（5-5）~式（5-8），有

$$p(\boldsymbol{h}_t,\ \boldsymbol{h}_{t+1} \mid \mathscr{T}_t)=p(\boldsymbol{h}_t \mid \mathscr{T}_t)p(\boldsymbol{h}_{t+1} \mid \boldsymbol{h}_t) \tag{5-9}$$

在引进了 $t+1$ 时刻的参数和数据信息后，式（5-9）演变成了一个更新过程。此时，状态方程（6-23）的前向滤波算法通过转移规则通过式（6-24）实现，其中

$$(\boldsymbol{h}_t \mid \boldsymbol{h}_{t+1},\ \sum_e,\ \sum_\nu,\ \mathscr{T}_t) \sim N((\boldsymbol{\alpha}' \sum_\nu^{-1} \boldsymbol{\alpha} + \boldsymbol{m}_t^{-1})^{-1}(\boldsymbol{\alpha}' \sum_\nu^{-1} \boldsymbol{h}_{t+1} + \boldsymbol{D}_t)$$

$$(\boldsymbol{\alpha}' \sum_\nu^{-1} \boldsymbol{\alpha} + \boldsymbol{m}_t^{-1})^{-1}) \tag{5-10}$$

并且，由非线性状态方程的 Kalman 滤波算法，有

$$(\boldsymbol{h}_{t-1},\ \boldsymbol{h}_t \mid \mathscr{T}_{t-1}) \sim N(\boldsymbol{m}_{t\mid t-1},\ \boldsymbol{D}_{t\mid t-1}) \tag{5-11}$$

$$\boldsymbol{m}_{t\mid t-1} = (\boldsymbol{h}_{t-1\mid t-1},\ \boldsymbol{h}_{t\mid t-1})$$

$$\boldsymbol{D}_{t\mid t-1} = \begin{pmatrix} \sum_{t-1\mid t-1} & \boldsymbol{\alpha} \sum_{t-1\mid t-1} \\ \boldsymbol{\alpha} \sum_{t-1\mid t-1} & \sum_{t\mid t-1} \end{pmatrix}$$

此处的 · | · 表示状态转移过程，对应的 $\boldsymbol{m}_{t\mid t-1}$ 和 $\boldsymbol{D}_{t\mid t-1}$ 为条件期望或条件方差—协方差矩阵。根据式（5-3）进行滤波，逐步得到隐含波动项 $\boldsymbol{h}_t$ 的预报结果。

（2）后向抽样。

式（5-4）的后向抽样过程是为了实现状态变量的平滑，由马氏链的性质有

$$p(\boldsymbol{h}_t \mid \boldsymbol{h}_{t+1},\ \cdots,\ \boldsymbol{h}_T,\ \mathscr{T}_T)=p(\boldsymbol{h}_t \mid \boldsymbol{h}_{t+1},\ \boldsymbol{I}_{T+1},\ \mathscr{T}_T)=p(\boldsymbol{h}_t \mid \boldsymbol{h}_{t+1},\ \mathscr{T}_{T+1})$$

另外

$$p(\boldsymbol{h}_{t-1},\ \boldsymbol{h}_t,\ z_t \mid \boldsymbol{h}_{t+1},\ z_{t+1},\ \mathscr{T}_{t+1})=p(\boldsymbol{h}_{t-1},\ \boldsymbol{h}_t,\ z_t \mid \boldsymbol{h}_{t+1},\ z_{t+1})$$

为了实现后验联合抽样，考虑到（$\boldsymbol{h}_{t-1}$，$\boldsymbol{h}_t$）联合分布服从多元正态分布，于是隐含波动项的块抽样由式（5-11）所服从的分布中抽取。

参考文献

[1] Aguilar, O., West, M. Bayesian Dynamic Factor Models and Portfolio Allocation [J]. Journal of Business & Economic Statistics, 2000, 18 (3): 338-357.

[2] Ahn, S. C., Lee, Y. H., Schmidt, P. GMM Estimation of Linear Panel Data Models with Time-Varying Individual Effects [J]. Journal of Econometrics, 2001, 101 (2): 219-255.

[3] Akaike, H. A New Look at the Statistical Model Identification [J]. IEEE Transactions on Automatic Control, 1974, 19 (6): 716-723.

[4] Amemiya, T. The n-2 Order Mean Squared Errors of the Maximum Likelihood and the Minimum Logit Chi-Square Estimator [J]. The Annals of Statistics, 1980, 8 (3): 488-505.

[5] Anderson, B. D. O., Deistler, M. Generalized Linear Dynamic Factor Models-A Structure Theory [A] //2008 47th IEEE Conference on Decision and Control [C]. IEEE, 2008: 1980-1985.

[6] Andrews, D. W. Cross-Section Regression with Common Shocks [J]. Econometrica, 2005, 73 (5): 1551-1585.

[7] Arellano, M., Bond, S. Some Tests of Specification for Panel Data: Monte Carlo Evidence and An Application to Employment Equations [J]. The Review of Economic Studies, 1991, 58 (2): 277-297.

[8] Arellano, M., Bonhomme, S. Robust Priors in Nonlinear Panel Data Models [J]. Econometrica, 2009, 77 (2): 489-536.

[9] Arellano, M., Bover, O. Another Look at the Instrumental Variable Estimation of Error Components Models [J]. Journal of Econometrics, 1995, 68 (1): 29-51.

[10] Arellano, M. Panel Data Econometrics [M]. Oxford: Oxford University Press, 2003.

[11] Arminger, G. Dynamic Factor Models for the Analysis of Ordered Categorical Panel Data [A] //Latent Variable Modeling and Applications to Causality. Springer [M]. New York: NY, 1999: 177-194.

[12] Asai, M., McAleer, M., Yu, J. Multivariate Stochastic Volatility: A Review [J]. Econometric Reviews, 2006, 25 (2-3): 145-175.

[13] Bai, J. Inferential Theory for Factor Models of Large Dimensions [J]. Econometrica, 2003, 71 (1): 135-171.

[14] Bai, J., Li, K. Statistical Analysis of Factor Models of High Dimension [J]. The Annals of Statistics, 2012, 40 (1): 436-465.

[15] Bai, J., Ng, S. Determining the Number of Factors in Approximate Factor Models [J]. Econometrica, 2002, 70 (1): 191-221.

[16] Bai, J. Panel Data Models with Interactive Fixed Effects [J]. Econometrica, 2009, 77 (4): 1229-1279.

[17] Bai, J., Shi, S. Estimating High Dimensional Covariance Matrices and its Applications [J]. Annals of Economics and Finance, 2012, 12 (2): 199-215.

[18] Bai, Z. D., Silverstein, J. W. No Eigenvalues Outside the Support of The Limiting Spectral Distribution of Large - Dimensional Sample Covariance Matrices [J]. The Annals of Probability, 1998, 26 (1): 316-345.

[19] Baltagi, B. H. Econometric Analysis of Panel Data [M]. Chichester: John Wiley and Sons Ltd, 4th Edition, 2008.

[20] Banerjee, A., Marcellino, M., Masten, I. Forecasting with Factor-Augmented Error Correction Models [J]. International Journal of Forecasting, 2014, 30 (3): 589-612.

[21] Barigozzi, M., Hallin, M. Generalized Dynamic Factor Models and Vola-

tilities: Recovering the Market Volatility Shocks [J] . The Econometrics Journal, 2016, 19 (1): C33-C60.

[22] Basu, S., Chib, S. Marginal Likelihood and Bayes Factors for Dirichlet Process Mixture Models [J] . Journal of the American Statistical Association, 2003, 98 (461): 224-235.

[23] Bayes, T., Price, R. An Essay Towards Solving a Problem in the Doctrine of Chance [A] // By the Late Rev. Mr. Bayes, Communicated by Mr. Price, in A Letter to John Canton, M. A. and F. R. S. [J] . Philosophical Transactions of the Royal Society of London, 1763 (53): 370-418.

[24] Bernanke, B, S., Boivin, J., Eliasz, P. Measuring the Effects of Monetary Policy: A Factor - Augmented Vector Autoregressive (FAVAR) Approach [J] . The Quarterly Journal of Economics, 2005, 120 (1): 387-422.

[25] Breitung, J., Eickmeier, S. Testing for Structural Breaks in Dynamic Factor Models [J] . Journal of Econometrics, 2011, 163 (1): 71-84.

[26] Buckland, S. T., Burnham, K. P., Augustin N H. Model Selection: An Integral Part of Inference [J] . Biometrics, 1997, 53 (2): 603-618.

[27] Campbell, J. Y., Lo, A. W., MacKinlay, A. C. The Econometrics of Financial Markets [M] . Princeton University Press, 1997.

[28] Capps, O., Love, H. A. Econometric Considerations in The Use of Electronic Scanner Data to Conduct Consumer Demand Analysis [J] . American Journal of Agricultural Economics, 2002, 84 (3): 807-816.

[29] Carter, C. K., Kohn, R. On Gibbs Sampling for State Space Models [J] . Biometrika, 1994, 81 (3): 541-553.

[30] Chamberlain, G., Rothschild, M. Arbitrage, Factor Structure, and Mean-Variance Analysis on Large Asset Markets [J] . Econometrica, 1983, 51 (5): 1281-1304.

[31] Chen, N. F., Roll, R., Ross, S. A. Economic Forces and The Stock Market [J] . Journal of Business, 1986, 59 (3): 383-403.

[32] Chen, Z., Dunson, D. Random Effects Selection in Linear Mixed Models

[J] . Biometrics, 2003, 59 (4): 762-769.

[33] Chib, S, Greenberg, E. Bayes Inference in Regression Models with ARMA (p, q) Errors [J] . Journal of Econometrics, 1994, 64 (1-2): 183-206.

[34] Chib, S., Hamilton, B. H. Semiparametric Bayes Analysis of Longitudinal Data Treatment Models [J] . Journal of Econometrics, 2002, 110 (1): 67-89.

[35] Chib, S. Markov Chain Monte Carlo Methods: Computation and Inference [J] . Handbook of Econometrics, 2001 (5): 3569-3649.

[36] Chib, S., Nardari, F., Shephard, N. Analysis of High Dimensional Multivariate Stochastic Volatility Models [J] . Journal of Econometrics, 2006, 134 (2): 341-371.

[37] Chib, S. Panel Data Modeling and Inference: A Bayesian Primer [A] // The Econometrics of Panel Data [M] . Springer, Berlin, Heidelberg, 2008: 479-515.

[38] Chudik, A., Pesaran, M. H. Econometric Analysis of High Dimensional VARs Featuring a Dominant Unit [J] . Econometric Reviews, 2013, 32 (5-6): 592-649.

[39] Coakley, J., Fuertes, A. M., Smith, R. A Principal Components Approach to Cross-Section Dependence in Panels [A] //10th International Conference on Panel Data, Berlin, July 5-6, 2002 [C] . International Conferences on Panel Data, 2002 (B5-3) .

[40] Connor, G. A. Unified Beta Pricing Theory [J] . Journal of Economic Theory, 1984, 34 (1): 13-31.

[41] Craven, P., Wahba, G. Smoothing Noisy Data with Spline Functions [J] . Numerische Mathematik, 1978, 31 (4): 377-403.

[42] Daniels, M. J., Pourahmadi, M. Bayesian Analysis of Covariance Matrices and Dynamic Models For Longitudinal Data [J] . Biometrika, 2002, 89 (3): 553-566.

[43] Darné, O., Ferrara, L. Identification of Slowdowns and Accelerations for the Euro Area Economy [J] . Oxford Bulletin of Economics and Statistics, 2011, 73

(3): 335-364.

[44] Deistler, M., Zinner, C. Modelling High-Dimensional Time Series by Generalized Linear Dynamic Factor Models: An Introductory Survey [J]. Communications in Information and Systems, 2007, 7 (2): 153-166.

[45] Dempster, A. P., Laird, N. M., Rubin, D. B. Maximum Likelihood from Incomplete Data Via the EM Algorithm [J]. Journal of the Royal Statistical Society: Series B (Methodological), 1977, 39 (1): 1-22.

[46] Diebold, F. X., Nerlove, M. The Dynamics of Exchange Rate Volatility: A Multivariate Latent Factor ARCH Model [J]. Journal of Applied Econometrics, 1989, 4 (1): 1-21.

[47] Diebold, F. X., Y₁lmaz, K. On the Network Topology of Variance Decompositions: Measuring the Connectedness of Financial Firms [J]. Journal of Econometrics, 2014, 182 (1): 119-134.

[48] Dobson, A, J., Barnett A G. An Introduction to Generalized Linear Models [M]. Chapman and Hall/CRC, 2018.

[49] Doz, C., Giannone, D., Reichlin, L. A Quasi-Maximum Likelihood Approach for Large, Approximate Dynamic Factor Models [J]. Review of Economics and Statistics, 2012, 94 (4): 1014-1024.

[50] Dziak, John, J., Li, R An Overview on Variable Selection for Longitudinal Data [A] //Quantitative Medical Data Analysis Using Mathematical Tools and Statistical Techniques [C]. World Scientific, 2010.

[51] Eickmeier, S., Lemke, W., Marcellino, M. Classical Time Varying Factor-Augmented Vector Auto-Regressive Models-Estimation, Forecasting and Structural Analysis [J]. Journal of the Royal Statistical Society: Series A (Statistics in Society), 2015, 178 (3): 493-533.

[52] Fama, E. F., French, K. R. The Cross-Section of Expected Stock Returns [J]. The Journal of Finance, 1992, 47 (2): 427-465.

[53] Fan, J., Fan, Y., Lv, J. High Dimensional Covariance Matrix Estimation Using a Factor Model [J]. Journal of Econometrics, 2008, 147 (1): 186-197.

[54] Fan, J., Liao, Y., Mincheva, M. Large Covariance Estimation by Thresholding Principal Orthogonal Complements [J]. Journal of the Royal Statistical Society: Series B (Statistical Methodology), 2013, 75 (4): 603-680.

[55] Fan, J., Li, R. Variable Selection Via Nonconcave Penalized Likelihood and Its Oracle Properties [J]. Journal of the American Statistical Association, 2001, 96 (456): 1348-1360.

[56] Forni, M., Hallin, M., Lippi, M., et al. The Generalized Dynamic-Factor Model Consistency and Rates [J]. Journal of Econometrics, 2004, 119 (2): 231-255.

[57] Forni, M., Hallin, M., Lippi, M., et al. The Generalized Dynamic-Factor Model: Identification and Estimation [J]. Review of Economics and Statistics, 2000, 82 (4): 540-554.

[58] Forni, M., Hallin, M., Lippi, M., et al. The Generalized Dynamic Factor Model: One-Sided Estimation and Forecasting [J]. Journal of the American Statistical Association, 2005, 100 (471): 830-840.

[59] Forni, M., Lippi, M. Aggregation and the Microfoundations of Dynamic Macroeconomics [M]. Oxford University Press, 1997.

[60] Forni, M., Lippi, M. The Generalized Dynamic Factor Model: Representation Theory [J]. Econometric Theory, 2001, 17 (6): 1113-1141.

[61] Forni, M., Reichlin, L. Let's Get Real: A Factor Analytical Approach to Disaggregated Business Cycle Dynamics [J]. The Review of Economic Studies, 1998, 65 (3): 453-473.

[62] Frank, L. L. E., Friedman, J. H. A Statistical View of Some Chemometrics Regression Tools [J]. Technometrics, 1993, 35 (2): 109-135.

[63] Frühwirth-Schnatter, S. Data Augmentation and Dynamic Linear Models [J]. Journal of Time Series Analysis, 1994, 15 (2): 183-202.

[64] Fu, W. J. Penalized Estimating Equations [J]. Biometrics, 2003, 59 (1): 126-132.

[65] Geman, S., Geman, D. Stochastic Relaxation, Gibbs Distributions, And

the Bayesian Restoration of Images [J]. IEEE Transactions on Pattern Analysis and Machine Intelligence, 1984 (6): 721-741.

[66] George, E, I. The Variable Selection Problem [J]. Journal of the American Statistical Association, 2000, 95 (452): 1304-1308.

[67] Geweke, J. The Dynamic Factor Analysis of Economic Time Series Models [C] // Latent Variables in Socioeconomic Models, North-Holland, 1977: 365-383.

[68] Gourieroux, C., Monfort, A., Trognon, A. Pseudo Maximum Likelihood Methods: Theory [J]. Econometrica: Journal of the Econometric Society, 1984, 52 (3): 681-700.

[69] Greene, W. H. Discrete Choice Models [A] //Palgrave Handbook of Econometrics, Volume 2: Applied Econometrics [C]. Hampshire: Palgrave, 2008.

[70] Greene, W. H. Econometric Analysis [M]. 7th edition. Prentice Hall, Upper Saddle River, NJ, 2012.

[71] Hahn, J., Newey, W. Jackknife and Analytical Bias Reduction for Nonlinear Panel Models [J]. Econometrica, 2004, 72 (4): 1295-1319.

[72] Hallin, M., Lippi, M. Factor Models in High-Dimensional Time Series—A Time-Domain Approach [J]. Stochastic Processes and Their Applications, 2013, 123 (7): 2678-2695.

[73] Hallin, M., Liška, R. Determining the Number of Factors in the General Dynamic Factor Model [J]. Journal of the American Statistical Association, 2007, 102 (478): 603-617.

[74] Hamilton, J. D., Susmel, R. Autoregressive Conditional Heteroskedasticity and Changes in Regime [J]. Journal of Econometrics, 1994, 64 (1-2): 307-333.

[75] Hansen, L. P. Large Sample Properties of Generalized Method of Moments Estimators [J]. Econometrica, 1982, 50 (4): 1029-1054.

[76] Han, Y. Asset Allocation with A High Dimensional Latent Factor Stochastic Volatility Model [J]. The Review of Financial Studies, 2006, 19 (1): 237-271.

[77] Harding, M., Nair, K. K. Estimating the Number of Factors and Lags in

High-Dimensional Dynamic Factor Models [R] . Mimeo, 2009.

[78] Harvey, A., Ruiz, E., Shephard, N. Multivariate Stochastic Variance Models [J] . The Review of Economic Studies, 1994, 61 (2): 247-264.

[79] Hastings, W. K. Monte Carlo Sampling Methods Using Markov Chains and Their Applications [J] . Biometrika, 1970, 57 (1): 97-109.

[80] Hautsch, N., Kyj, L. M. Forecasting Vast Dimensional Covariances Using a Dynamic Multi-Scale Realized Spectral Components Model [R] . Working Paper, Humboldt-Universität, Berlin, 2010.

[81] Heckman, J. J. Statistical Models for Discrete Panel Data [A] . Structural Analysis of Discrete Data with Econometric Applications, 1981: 114-178.

[82] Hirano, K. Semiparametric Bayesian Inference in Autoregressive Panel Data Models [J] . Econometrica, 2002, 70 (2): 781-799.

[83] Hoerl, A. E., Kennard, R. W. Ridge Regression: Biased Estimation for Nonorthogonal Problems [J] . Technometrics, 1970, 12 (1): 55-67.

[84] Holtz-Eakin, D., Newey, W., Rosen, H. S. Estimating Vector Autoregressions with Panel Data [J] . Econometrica, 1988, 56 (6): 1371-1395.

[85] Hore, S., Johannes, M., Lopes, H., et al. Bayesian Computation In Finance [M] . Frontiers of Statistical Decision Making and Bayesian Analysis, 2010: 383-396.

[86] Hsiao, C. Analysis of Panel Data [M] . Cambridge University Press, 2003.

[87] Hsiao, Lahiri, C., K., Lee, L. F., Pesaran, M. H. Analysis of Panels and Limited Dependent Variable Models [M] . Cambridge University Press, 1999.

[88] Jacquier, E., Polson, N. G., Rossi, P. Models and Priors for Multivariate Stochastic Volatility Models [R] . Working Paper, University of Chicago, 1995.

[89] Juárez, M. A., Steel, M. F. J. Non-Gaussian Dynamic Bayesian Modelling for Panel Data [J] . Journal of Applied Econometrics, 2010, 25 (7): 1128-1154.

[90] Kastner, G., Frühwirth-Schnatter, S., Lopes, H. F. Efficient Bayesian Inference for Multivariate Factor Stochastic Volatility Models [J] . Journal of Computa-

tional and Graphical Statistics, 2017, 26 (4): 905-917.

[91] Kim, C. J., Nelson, C. R. Has the US Economy Become More Stable? A Bayesian Approach Based on A Markov - Switching Model of the Business Cycle [J]. Review of Economics and Statistics, 1999, 81 (4): 608-616.

[92] Kim, S., Shephard, N., Chib, S. Stochastic Volatility: Likelihood Inference and Comparison with ARCH Models [J]. The Review of Economic Studies, 1998, 65 (3): 361-393.

[93] Kneip, A., Sarda, P. Factor Models and Variable Selection in High-Dimensional Regression Analysis [J]. The Annals of Statistics, 2011, 39 (5): 2410-2447.

[94] Koop, G. Bayesian Econometrics (Vol. 23) [M]. Emerald Group Publishing, 2003.

[95] Koop, G., Tobias, J. L. Semiparametric Bayesian Inference in Smooth Coefficient Models [J]. Journal of Econometrics, 2006, 134 (1): 283-315.

[96] Kose, M. A., Otrok, C., Whiteman, C. H. Understanding the Evolution of World Business Cycles [J]. Journal of International Economics, 2008, 75 (1): 110-130.

[97] Lam, C., Yao, Q., Bathia, N. Estimation of Latent Factors for High-Dimensional Time Series [J]. Biometrika, 2011, 98 (4): 901-918.

[98] Lewbel, A. The Rank of Demand Systems: Theory and Nonparametric Estimation [J]. Econometrica: Journal of the Econometric Society, 1991, 59 (3): 711-730.

[99] Liang, K. Y., Zeger, S. L. Longitudinal Data Analysis Using Generalized Linear Models [J]. Biometrika, 1986, 73 (1): 13-22.

[100] Liang, K. Y., Zeger, S. L., Qaqish, B. Multivariate Regression Analyses for Categorical Data [J]. Journal of the Royal Statistical Society: Series B (Methodological), 1992, 54 (1): 3-24.

[101] Lindley, D. V., Smith, A. F. M. Bayes Estimates for the Linear Model [J]. Journal of the Royal Statistical Society: Series B (Methodological), 1972, 34

(1)：1-18.

[102] Li, T., Zheng, X. Semiparametric Bayesian Inference for Dynamic Tobit Panel Data Models with Unobserved Heterogeneity [J]. Journal of Applied Econometrics, 2008, 23 (6): 699-728.

[103] Lopes, H. F., Carvalho, C. M. Factor Stochastic Volatility with Time Varying Loadings and Markov Switching Regimes [J]. Journal of Statistical Planning and Inference, 2007, 137 (10): 3082-3091.

[104] Lopes, H. F., McCulloch, R. E., Tsay, R. Cholesky Stochastic Volatility Models for High-Dimensional Time Series [Z]. Discussion Papers, 2012.

[105] Maddala, G. S. Limited Dependent Variable Models Using Panel Data [J]. Journal of Human resources, 1987, 22 (3): 307-338.

[106] Mallows, C. L. Some Comments on C_p [J]. Technometrics, 2000, 42 (1): 87-94.

[107] Manski, C. F. Semiparametric Analysis of Random Effects Linear Models from Binary Panel Data. Econometrica: Journal of the Econometric Society, 1987, 55 (2): 357-362.

[108] Mariano, R. S., Murasawa, Y. A New Coincident Index of Business Cycles Based on Monthly and Quarterly Series [J]. Journal of Applied Econometrics, 2003, 18 (4): 427-443.

[109] McCullagh, P., Nelder, J. A. Generalized Linear Models [M]. London: Chapman and Hall, 2019.

[110] Merton, R. C. An Intertemporal Capital Asset Pricing Model [J]. Econometrica: Journal of the Econometric Society, 1973, 41 (5): 867-887.

[111] Metropolis, N., Rosenbluth, A. W., Rosenbluth, M. N., et al. Equation of State Calculations by Fast Computing Machines [J]. The Journal of Chemical Physics, 1953, 21 (6): 1087-1092.

[112] Migon, H. S., Gamerman, D., Lopes, H. F., et al. Dynamic Models [J]. Handbook of statistics, 2005 (25): 553-588.

[113] Miller, A. Subset Selection in Regression [M]. Chapman and Hall/

CRC, 2002.

[114] Moon, H. R., Perron, B. Testing for a Unit Root in Panels with Dynamic Factors [J]. Journal of Econometrics, 2004, 122 (1): 81-126.

[115] Moral-Benito, E. Determinants of Economic Growth: A Bayesian Panel Data Approach [J]. Review of Economics and Statistics, 2012, 94 (2): 566-579.

[116] Nandram, B., Petruccelli, J. D. A Bayesian Analysis of Autoregressive Time Series Panel Data [J]. Journal of Business & Economic Statistics, 1997, 15 (3): 328-334.

[117] Newey, W. K., McFadden, D. Large Sample Estimation and Hypothesis Testing [J]. Handbook of Econometrics, 1994 (4): 2111-2245.

[118] Pan, J., Yao, Q. Modelling Multiple Time Series Via Common Factors [J]. Biometrika, 2008, 95 (2): 365-379.

[119] Pesaran, M. H. Estimation and Inference in Large Heterogeneous Panels with A Multifactor Error Structure [J]. Econometrica, 2006, 74 (4): 967-1012.

[120] Pitt, M., Shephard, N. Time Varying Covariances: A Factor Stochastic Volatility Approach [J]. Bayesian Statistics, 1999 (6): 547-570.

[121] Ross, S. A. The Arbitrage Theory of Capital Asset Pricing [J]. Journal of Economic Theory, 1976, 13 (3): 341-360.

[122] Sargent, T. J., Sims, C. A. Business Cycle Modeling Without Pretending to Have Too Much A Priori Economic Theory [J]. New Methods in Business Cycle Research, 1977 (1): 145-168.

[123] Schwarz, G. Estimating the Dimension of a Model [J]. The Annals of Statistics, 1978, 6 (2): 461-464.

[124] Shao, J. An Asymptotic Theory for Linear Model Selection [J]. Statistica Sinica, 1997 (7): 221-242.

[125] Sharpe, W. F. Efficient Capital Markets: A Review of Theory and Empirical Work: Discussion [J]. The Journal of Finance, 1970, 25 (2): 418-420.

[126] Sharp, W. A Simplified Model for Portfolio Selection [J]. Management Science, 1963 (9): 277-293.

[127] Shephard, N. Statistical Aspects of ARCH and Stochastic Volatility [J]. Monographs on Statistics and Applied Probability, 1996 (65): 1-68.

[128] Shephard, N. Stochastic Volatility: Selected Readings [M]. OUP Oxford, 2005.

[129] Song, S., Härdle, W., Ritov, Y. Dynamic Factor Models for High Dimensional Nonstationary Time Series [Z]. Under Revision, 2010.

[130] Spiegelhalter, D. J., Best, N. G., Carlin, B. P., et al. Bayesian Measures of Model Complexity and Fit [J]. Journal of the Royal Statistical Society: Series B (Statistical Methodology), 2002, 64 (4): 583-639.

[131] Stock, J. H., Watson, M. W. Diffusion Indexes [R]. Working Paper, 1998.

[132] Stock, J. H., Watson, M. W. Forecasting Using Principal Components from A Large Number of Predictors [J]. Journal of the American Statistical Association, 2002, 97 (460): 1167-1179.

[133] Stock, J. H., Watson, M. W. Forecasting with Many Predictors [J]. Handbook of Economic Forecasting, 2006 (1): 515-554.

[134] Stock, J. H., Watson M. W. Implications of Dynamic Factor Models for VAR Analysis [R]. NBER Working Paper No. 11467, 2005.

[135] Taylor, S. J. Financial Returns Modelled by The Product of Two Stochastic Processes-A Study of The Daily Sugar Prices 1961-1975 [J]. Time Series Analysis: Theory and Practice, 1982 (1): 203-226.

[136] Tibshirani, R. Regression Shrinkage and Selection Via the Lasso [J]. Journal of the Royal Statistical Society: Series B (Methodological), 1996, 58 (1): 267-288.

[137] Tsay, R. S. Analysis of Financial Time Series (3ed.) [M]. Wiley-Interscience, 2010.

[138] Tsay, R. S., Ando, T. Bayesian Panel Data Analysis for Exploring the Impact of Subprime Financial Crisis on The US Stock Market [J]. Computational Statistics & Data Analysis, 2012, 56 (11): 3345-3365.

[139] Tsay, R. S. An Introduction to Analysis of Financial Data with R [M]. John Wiley & Sons, 2014.

[140] Vaida, F., Blanchard, S. Conditional Akaike Information for Mixed-Effects Models [J]. Biometrika, 2005, 92 (2): 351-370.

[141] Wang, H. Factor Profiled Sure Independence Screening [J]. Biometrika, 2012, 99 (1): 15-28.

[142] Yuan, M., Lin, Y. Model Selection and Estimation in Regression with Grouped Variables [J]. Journal of the Royal Statistical Society: Series B (Statistical Methodology), 2006, 68 (1): 49-67.

[143] Ziegler, A. Generalized Estimating Equations [M]. New York: Springer, 2012.

[144] Zou, H. The Adaptive Lasso and Its Oracle Properties [J]. Journal of the American Statistical Association, 2006, 101 (476): 1418-1429.

[145] 杜子平，张世英．向量随机波动模型的共因子研究 [J]．管理科学学报，2002 (5)：1-5+17.

[146] 方国斌，张波．金融资产配置中的因子面板随机波动模型研究 [J]．统计研究，2014，31 (3)：90-98.

[147] 韩艾，郑桂环，汪寿阳．广义动态因子模型在景气指数构建中的应用——中国金融周期景气分析 [J]．系统工程理论与实践，2010，30 (5)：803-811.

[148] 张波，方国斌．高维面板数据降维与变量选择方法研究 [J]．统计与信息论坛，2012，27 (6)：21-28.

后　记

古人云，二十弱冠，三十而立，四十不惑。在人生的这三个关键节点，分别经历了大学、硕士、博士的求学阶段，个中滋味，恐怕只有自己才能知晓。一路走来，虽然历尽艰辛，蜿蜒曲折，然而每一年、每一天都在进步。变化的是时间，不变的是信念。这也算是一种自我安慰吧。有时想起从初中开始的独自一人出外求学的过程，竟然只有美好的回忆。因为有这样的机会，就应该值得珍惜。

从事科研工作二十多年，科研路上最大的压力并不是来自自己。上有年迈的老母，下有年幼的女儿，总是感觉亏欠她们太多。正是因为自己的原因，让母亲变成留守老人，女儿变成留守儿童。感谢父母把我带到这个世界；感谢兄嫂和姐姐帮助我完成早期的学业；感谢我的妻子放弃求学的机会在家专心教育女儿；感谢岳父岳母背井离乡、不远千里帮我带孩子；感谢女儿在我读博期间每一天坚持不懈给我讲了那么多好听的故事，让我仿佛又回到了童年。

本书写作过程中最大的收获是加深了对统计学的认识，明确了进一步发展的方向。这其中固然有个人的努力，更多的是老师、同学、亲朋好友的帮助。我的博士生导师张波教授将我带入现在的这个研究领域，张老师的为人做事永远是我学习的榜样。虽然自己天生愚钝，然而也正是在老师的指点下，才更加清醒地认识到自己的不足之处。高标准、严要求、轻松学、传帮带是张老师对我们的指导原则，感谢张老师和师母谷老师提供的学习和生活上的帮助。

本书中的部分内容源自我的博士阶段的学习成果，在人大统计学院学习期间，最重要的是能感受到这里浓郁的学习氛围，开放的学风和文风。从博一时候的 DMC 讨论小组、统计学读书会，到自始至终的计量经济讨论班，感谢参加讨论的老师和同学让我学到很多新的知识。讨论班的许多内容是本书的选题来源。特别感谢人民大学统计学院的许王莉老师、尹建鑫老师以及张景肖老师。除了上述老师外，还要感谢给我上过课的易丹辉老师、赵彦云老师、高敏雪老师、王星老师、金勇进老师、何晓群老师、杜子芳老师、田茂再老师、蒋妍老师、彭非老师等。感谢许多外校老师亲临人大给予我的指导。特别要感谢香港科技大学陈卡你教授，陈老师的严谨学风值得我永远学习。

最后，再一次感谢以上我提及名字和没有提及名字但给予我帮助的所有老师、同学、同事和亲朋好友。学习过程中有你们相伴是一种幸福。衷心祝愿大家工作顺利，生活幸福。

方国斌

2022 年 6 月 8 日

安徽财经大学通慧楼